KB002380

NCS
의사
소통
능력

의사
소통
능력

초판발행 2015년 11월 25일   **8쇄발행** 2022년 4월 20일   **저 자** 한국표준협회 NCS연구회
펴낸이 박 용   **펴낸곳** (주)박문각출판   **표지디자인** 한기현   **디자인** 이현숙
등 록 2015. 4. 29. 제2015-000104호   **주 소** 06654 서울시 서초구 효령로 283 서경빌딩
전 화 02) 6466-7202   **홈페이지** www.pmg.co.kr

ISBN 979-11-7023-247-6 / ISBN 979-11-7023-071-7(세트)
정가 13,000원

NCS

직업기초능력평가

의사
소통
능력

기업 · 공공기관 취업 대비
최고 합격 전략서

NCS 기반 직업기초능력 시리즈
한국표준협회 NCS연구회 편저

QMG 박문각

당신은 무엇을 아는 사람입니까? 아니면 무엇을 할 수 있는 사람입니까?

2015년 130여 개의 공공기관에서 신규 채용 인원 중 3,000명을 NCS 기반 채용을 통해 선발하고, 그 규모 또한 단계적으로 확대한다는 계획을 발표하였습니다. 2019년에는 모든 공기관의 신규 채용에 NCS 채용이 전면적으로 도입될 예정이며, 이는 민간 기업까지 확대될 것으로 예상됩니다. NCS 채용이란 구직자의 직업기초능력과 직무수행능력을 평가하여 인재를 선발한다는 것입니다. 이를 통해 구직자는 스펙으로 평가받는 것이 아니라 직무능력으로 평가를 받게 됩니다. 즉, '무엇을 아느냐'보다 '무엇을 할 수 있느냐'가 중요하게 된 것입니다.

NCS 채용에서 구직자를 평가하는 기준 중 하나인 직업기초능력은 총 10개의 능력으로 구성되어 있으며, 본 책은 이 10개의 능력 중 의사소통능력에 대해 다루고 있습니다. 그렇다면 의사소통능력이란 무엇일까요?

의사소통능력은 타인이 전달하는 메시지를 파악하고, 자신이 전달하고자 하는 메시지를 글과 말을 이용하여 정확히 전달하는 능력을 의미합니다. 그리고 의사소통능력의 하위능력으로는 문서이해능력, 문서작성능력, 경청능력, 의사표현능력, 기초외국어능력이 있습니다.

여러분 중 누군가는 의사소통능력 또는 의사소통능력의 각 하위능력 명칭만 보고 '의사소통능력은 쉽게 습득할 수 있겠구나!'라고 생각할 수 있습니다. 하지만 의사소통능력을 습득하는 것은 그리 쉽지 않습니다. 직장생활을 성공적으로 수행하는 데 필수적인 능력인 문서작성능력과 의사표현능력의 경우 '기획'이라는 부분과도 관련 있기 때문에 피라미드 구조, MECE, 엘리베이터 스피치와 같이 관련 분야의 전공자 혹은 직장인이 아니라면 생소한 용어들을 학습해야 합니다. 그리고 꼭 해당 하위능력이 아니더라도 의사소통능력 자체가 사람의 행동과 굉장히 연관된 부분이기 때문에 이론을 깨우치는 것을 넘어 그것을 습관화시키는 데 노력을 기울이지 않는다면, 제대로 습득할 수 없습니다.

이처럼 학습 시 노력이 필요한 의사소통능력을 공부하는 데 있어 이 책이 여러분에게 도움이 되었으면 합니다. 이론 학습으로 내용을 익히고, 탐구활동을 통해 의사소통능력을 실제 생활에 적용하며, 학습평가를 통해 자신이 완벽히 이론을 습득했는지 체크하기를 바랍니다. 혹시 순차적으로 학습하는 데 어려움을 느낀다면 이론 부분을 먼저 학습한 후 탐구활동이나 학습평가를 학습해도 좋습니다. 의사소통능력을 확실히 습득하겠다는 의지와 노력만 있다면 그 방법에 상관없이 여러분은 타인이 전달하는 메시지를 잘 파악하고, 자신이 전달하고자 하는 메시지를 잘 전달하는, 즉 의사소통능력을 갖춘 현대인이 될 것입니다.

해외에서의 K-POP 열풍이 날로 거세지고 있습니다. 애플이나 삼성전자가 신제품 발표회를 할 때면 전 세계의 이목이 집중됩니다. 전 세계적으로 국경의 개념이 허물어지고 있으며, 무한 경쟁 시대에 돌입한 것입니다. 이럴 때일수록 의사소통능력을 갖춰 메시지를 잘 듣고 잘 전하는 현대인이 변화의 흐름에 도태되지 않고 살아남을 수 있습니다. 부디 여러분이 변화에 도태되지 않고, 변화의 흐름을 주도하는 인재로 성장하기를 바랍니다.

Guide | 이 책의 활용법

사전
평가 → 이론 → 사례
(연구) → 탐구
활동 → 학습
평가 → Tip → 학습
정리 → 사후
평가

사전 평가 [1]

체크리스트

다음은 모든 직업인에게 일반적으로 요구되는 의사소통능력 수준을 스스로 알아볼 수 있는 체크리스트이다. 본인의 평소 행동을 잘 생각해 보고, 행동과 일치하는 것에 체크해 보시오.

문항	그렇지 않은 편이다	그저 그렇다	그런 편이다
1. 나는 의사소통능력의 종류를 설명할 수 있다.	1	2	3
2. 나는 의사소통의 중요성을 설명할 수 있다.	1	2	3
3. 나는 의사소통의 저해 요인에 대하여 설명할 수 있다.	1	2	3
4. 나는 효과적인 의사소통개발 방법을 설명할 수 있다.	1	2	3
5. 나는 문서이해의 개념 및 특성에 대하여 설명할 수 있다.	1	2	3
6. 나는 문서이해의 중요성에 대하여 설명할 수 있다.	1	2	3
7. 나는 문서이해의 구체적인 절차와 원리를 설명할 수 있다.	1	2	3
8. 나는 문서를 통한 정보 획득 및 종합 방법을 설명할 수 있다.	1	2	3
9. 나는 체계적인 문서작성의 개념 및 중요성을 설명할 수 있다.	1	2	3
10. 나는 목적과 상황에 맞는 문서의 종류와 유형을 설명할 수 있다.	1	2	3
11. 나는 문서작성의 구체적인 절차와 원리를 설명할 수 있다.	1	2	3
12. 나는 문서작성에서 효과적인 시각적 표현과 연출 방법을 안다.	1	2	3
13. 나는 경청의 개념 및 중요성을 설명할 수 있다.	1	2	3
14. 나는 경청을 통해 상대방 의견의 핵심 내용을 파악할 수 있다.	1	2	3
15. 나는 올바른 경청을 방해하는 요인들과 고쳐야 할 습관을 알고 있다.	1	2	3
16. 나는 대상과 상황에 따른 경청법을 설명할 수 있다.	1	2	3

01 사전 / 사후 평가

사전 평가는 본서를 학습하기 전에 직업기초능력의 각 하위능력에 대한 학습자의 현재 수준을 진단하고, 학습자에게 필요한 학습활동을 안내하는 역할을 합니다. 이 평가지를 통해 학습자는 자신의 강점과 약점에 대해 미리 파악할 수 있습니다.

사후 평가는 학습자들이 본인의 성취 수준을 평가하고, 부족한 부분을 피드백받을 수 있도록 하기 위한 마지막 단계입니다. 체크리스트가 제시되어 있으므로, 학습자의 향상도 체크에도 활용할 수 있습니다.

제1절 의사소통의 개념

가정에서, 학교에서, 직장에서 우리는 많은 시간을 다른 사람과 대화를 하거나 문자를 이용하여 소통하는 데 사용한다. 사람이 혼자 살 수 있을까? 〈캐스트 어웨이〉란 영화를 보면 비행기가 추락하여 주인공이 무인도에서 혼자 살게 된다. 주인공은 너무 외로운 나머지 피 묻은 손바닥 모양이 찍혀 마치 사람의 얼굴처럼 보이는 배구공에 윌슨이라는 이름을 붙여주곤 끊임없이 재잘거리며 지낸다.

미국 드라마 〈The last man on earth〉에서도 남자 주인공은 생존자를 찾기 위해 미국 전역을 돌아다니지만 실패하고, 〈캐스트 어웨이〉의 톰 행크스를 비웃으며 자기는 그렇게 살지 않겠다고 큰소리쳤지만, 결국 자신도 여러 개의 공에 얼굴을 그려 놓고 친구처럼 이야기를 건네며 지내게 된다.

이처럼 사람이 혼자 살아간다는 것은 불가능에 가까울 정도로 매우 어렵고 힘들다. 모름지기 대다수 사람들은 다른 사람들과 끊임없이 의사소통을 하며 살아가는 것이다. 따라서 우리는 매일 누군가와 의사소통을 하고 있지만 그 중요성에 대해 얼마나 알고 있는지 다시 한번 생각해볼 필요가 있다.

1 의사소통이란?

의사소통(Communication)은 '상호 공통점을 나누어 갖는다'라는 말로 라틴어 'Communis(공통, 공유)'에서 나온 말이다. 의사소통은 말하는 사람과 듣는 사람 사이에서 이루어진다.

02 이론학습

직업기초능력 중 의사소통능력의 하위능력과 세부 요소로 구성되어 있습니다. 이를 자세히 살펴보면 1장 의사소통능력 – 2장 문서이해능력 – 3장 문서작성능력 – 4장 경청능력 – 5장 의사표현능력 – 6장 기초외국어능력의 순서로 구성되어 있으며, 이를 통해 의사소통능력에 대한 학습을 완결 지을 수 있습니다.

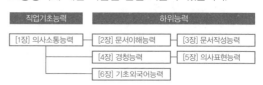

직업기초능력	하위능력	
[1장] 의사소통능력	[2장] 문서이해능력	[3장] 문서작성능력
	[4장] 경청능력	[5장] 의사표현능력
	[6장] 기초외국어능력	

03 사례(연구) / 탐구활동

사례연구는 학습자들이 습득한 이론과 관련된 사례 및 교육적 시사점을 제시하는 부분으로, 학습자들이 앞에서 배운 이론을 보다 쉽게 이해하는 데 도움을 주는 역할을 하며, 이론 부분에 함께 수록된 별도의 다양한 사례들은 학습자들의 사례 중심 학습에 도움을 줍니다.

또한, 학습자들은 사례 및 사례연구를 바탕으로 여러 가지 의견을 나누어 보는 탐구활동을 통하여 자신의 생각과 의견을 넓혀 나가게 됩니다.

사례연구

조원 간의 의견 차이를 대화로 조율하다

올해 회사에서 직장 내 업무 과제로 조별 프레젠테이션이 있었다. 각자 역할을 분담해서 나대화 사원과 입사 동기인 K사원은 PPT 작성, L사원은 자료 수집, P사원은 발표, C사원은 총괄 역할을 맡았다. 1주일간의 준비 기간 동안 모든 조원들이 열심히 각자의 역할을 다했지만 예상치 못하게 K사원이 집안일을 핑계로 PPT 작성을 거의 나대화 사원에게 맡겨 버리는 상황이 되었다.

조원들의 중간 모임에서 나대화 사원이 이 사실을 다른 조원들에게 말하자 K사원에게 모든 질타가 모아지고 말았다. 이로 인해 친구 관계까지 서먹해질 수 있는 최악의 상황이 되고 말았다.

탐구활동

1. 의사소통 시 기억에 남았던 상대방의 비언어적 표현이 있었다면 이를 작성해 보자.

2. 친구가 기분이 좋지 않았던 모습을 본 적 있는가? 그 상황을 떠올리면서 친구에게 기분이 좋지 않은 이유를 물어볼 수 있는 개방형·폐쇄형 질문의 유형과 친구가 기분이 좋지 않았던 이유를 작성해 보자.

〈개방형 질문의 내용〉

---

04 학습평가 / 학습정리

학습평가는 학습자들이 습득한 이론을 바탕으로 문제를 풀어 보면서 실력을 점검할 수 있도록 하는 역할을 합니다. 학습자들은 앞에서 습득한 이론과 사례를 토대로 문제를 풀면서 옳고 그름을 판별할 수 있게 됩니다.

또한, 학습자들은 앞에서 배운 이론을 간단하게 요약한 학습정리를 통하여 자신의 실력을 탄탄하게 다질 수 있게 됩니다.

학습평가   정답 및 해설 p.218

1 다음은 조직 내 발생할 수 있는 의사소통을 분류한 것이다. ①~③에 알맞은 말을 채워 넣으시오.

채널 \ 내용	(①)	비공식적
수직적	상사·부하 직원 간 업무 지시 보고, 피드백	상사·부하 직원 간 (②)
수평적	동료 간 (③)	• 동호회 • 인간관계 위주 의사소통

학/습/정/리

1. 의사소통이란 '상호 공통점을 나누어 갖는다'라는 말로, 말하는 사람과 듣는 사람 사이에서 이루어진다.

2. 의사소통 과정은 송신자, 수신자, 피드백, 메시지라는 네 가지 요소가 상호 작용하게 된다. 말하는 사람은 상대방에게 전달하고자 하는 내용을 메시지로 구성하여 전달하고, 듣는 사람은 상대방의 메시지를 자신의 성격, 가치관, 문화 등을 바탕으로 해석한 후, 피드백을 하게 된다.

3. 일반적으로 조직에서 이루어지는 의사소통은 채널(수직적·수평적 채널)과 내용(공식적·비공식적 내용)을 기준으로 구분하며, 다음과 같이 분류할 수 있다.
   1) 수직적·공식적 의사소통
   2) 수직적·비공식적 의사소통
   3) 수평적·공식적 의사소통
   4) 수평적·비공식적 의사소통

Contents | 차례

사전 평가[1]

체크리스트

다음은 모든 직업인에게 일반적으로 요구되는 의사소통능력 수준을 스스로 알아볼 수 있는 체크리스트이다. 본인의 평소 행동을 잘 생각해 보고, 행동과 일치하는 것에 체크해 보시오.

문항	그렇지 않은 편이다	그저 그렇다	그런 편이다
1. 나는 의사소통능력의 종류를 설명할 수 있다.	1	2	3
2. 나는 의사소통의 중요성을 설명할 수 있다.	1	2	3
3. 나는 의사소통의 저해 요인에 대하여 설명할 수 있다.	1	2	3
4. 나는 효과적인 의사소통개발 방법을 설명할 수 있다.	1	2	3
5. 나는 문서이해의 개념 및 특성에 대하여 설명할 수 있다.	1	2	3
6. 나는 문서이해의 중요성에 대하여 설명할 수 있다.	1	2	3
7. 나는 문서이해의 구체적인 절차와 원리를 설명할 수 있다.	1	2	3
8. 나는 문서를 통한 정보 획득 및 종합 방법을 설명할 수 있다.	1	2	3
9. 나는 체계적인 문서작성의 개념 및 중요성을 설명할 수 있다.	1	2	3
10. 나는 목적과 상황에 맞는 문서의 종류와 유형을 설명할 수 있다.	1	2	3
11. 나는 문서작성의 구체적인 절차와 원리를 설명할 수 있다.	1	2	3
12. 나는 문서작성에서 효과적인 시각적 표현과 연출 방법을 안다.	1	2	3
13. 나는 경청의 개념 및 중요성을 설명할 수 있다.	1	2	3
14. 나는 경청을 통해 상대방 의견의 핵심 내용을 파악할 수 있다.	1	2	3
15. 나는 올바른 경청을 방해하는 요인들과 고쳐야 할 습관을 알고 있다.	1	2	3
16. 나는 대상과 상황에 따른 경청법을 설명할 수 있다.	1	2	3
17. 나는 정확한 의사표현의 중요성을 설명할 수 있다.	1	2	3
18. 나는 원활한 의사표현의 방해 요인을 알고, 관리할 수 있다.	1	2	3
19. 나는 논리적이고 설득력 있는 의사표현의 기본 요소 및 특성을 안다.	1	2	3
20. 나는 기초외국어능력의 개념 및 중요성과 필요성을 설명할 수 있다.	1	2	3
21. 나는 비언어적 기초외국어 의사표현에 대해 설명할 수 있다.	1	2	3
22. 나는 기초외국어능력 향상을 위한 교육 방법을 설명할 수 있다.	1	2	3

평가 방법

체크리스트의 문항별로 자신이 체크한 결과를 아래 표를 이용하여 해당하는 개수를 적어 보자.

문항	수준	개수	학습모듈	교재 Page
1~4번	그렇지 않은 편이다. (부정)	( )개	의사소통능력	pp.14~51
	그저 그렇다. (보통)	( )개		
	그런 편이다. (긍정)	( )개		
5~8번	그렇지 않은 편이다. (부정)	( )개	문서이해능력	pp.54~77
	그저 그렇다. (보통)	( )개		
	그런 편이다. (긍정)	( )개		
9~12번	그렇지 않은 편이다. (부정)	( )개	문서작성능력	pp.80~127
	그저 그렇다. (보통)	( )개		
	그런 편이다. (긍정)	( )개		
13~16번	그렇지 않은 편이다. (부정)	( )개	경청능력	pp.130~151
	그저 그렇다. (보통)	( )개		
	그런 편이다. (긍정)	( )개		
17~19번	그렇지 않은 편이다. (부정)	( )개	의사표현능력	pp.154~189
	그저 그렇다. (보통)	( )개		
	그런 편이다. (긍정)	( )개		
20~22번	그렇지 않은 편이다. (부정)	( )개	기초외국어능력	pp.192~211
	그저 그렇다. (보통)	( )개		
	그런 편이다. (긍정)	( )개		

평가 결과

진단 방법에 따라 자신의 수준을 진단한 후, 한 문항이라도 '그렇지 않은 편이다'가 나오면 그 부분이 부족한 것이기 때문에, 제시된 학습 내용과 교재 Page를 참조하여 해당하는 내용을 학습하시오.

---

1) 출처: 의사소통능력 학습자용 워크북 pp.7~8, 국가직무능력표준 홈페이지(http://www.ncs.go.kr/ncs/page.do?sk=index)

NCS

직업기초능력평가

의사
소통
능력

Chapter

01

의사소통능력

제①장
의사소통능력

제1절 의사소통의 개념
제2절 의사소통의 형태
제3절 효과적인 의사소통

▶▶ 학습목표

구분	학습목표
일반목표	직장생활에서 문서를 읽거나 상대방의 말을 듣고 의미를 파악하고, 자신의 의사를 정확하게 표현하고 간단한 외국어 자료를 읽거나 간단한 의사표시를 이해하는 능력이다.
세부목표	1. 의사소통의 개념과 중요성을 설명할 수 있다. 2. 의사소통의 종류를 설명할 수 있다. 3. 의사소통 저해 요인을 제거할 수 있다. 4. 의사소통능력을 개발하기 위한 방법을 실천할 수 있다.

▶▶ 주요 용어 정리

의사소통

효과적인 의사표현은 말하는 이의 생각과 감정을 듣는 이에게 음성언어나 신체언어로 표현하는 행위를 말한다.

의사소통 저해 요인

원활한 의사소통을 하지 못하게 만드는 요인으로는 인간적 요인, 조직 구조적 요인, 사회문화적 요인들이 있다.

비언어적 의사소통

비언어적 의사소통은 언어적 의사소통 과정을 보다 효과적으로 진행시키는 데 도움을 줄 수 있으며, 언어적 의사소통만으로는 표현하기 어려운 복잡하고 미묘한 감정이나 태도 등을 전하는 데 유용하다.

자기 주장적 표현

자신의 감정, 요구, 의도, 생각을 솔직하게 표현하면서도 타인에게 상처를 주거나 타인의 권리를 침해하지 않는 것으로 대표적 방법에 '나―메시지'가 있다.

제1절 의사소통의 개념

가정에서, 학교에서, 직장에서 우리는 많은 시간을 다른 사람과 대화를 하거나 문자를 이용하여 소통하는 데 사용한다. 사람이 혼자 살 수 있을까? 〈캐스트 어웨이〉란 영화를 보면 비행기가 추락하여 주인공이 무인도에서 혼자 살게 된다. 주인공은 너무 외로운 나머지 피 묻은 손바닥 모양이 찍혀 마치 사람의 얼굴처럼 보이는 배구공에 월슨이라는 이름을 붙여준 후 끊임없이 재잘거리며 지낸다.

미국 드라마 〈The last man on earth〉에서도 남자 주인공은 생존자를 찾기 위해 미국 전역을 돌아다니지만 실패하고, 〈캐스트 어웨이〉의 톰 행크스를 비웃으며 자기는 그렇게 살지 않겠다고 큰소리쳤지만, 결국 자신도 여러 개의 공에 얼굴을 그려 놓고 친구처럼 이야기를 건네며 지내게 된다.

이처럼 사람이 혼자 살아간다는 것은 불가능에 가까울 정도로 매우 어렵고 힘들다. 모름지기 대다수 사람들은 다른 사람들과 끊임없이 의사소통을 하며 살아가는 것이다. 따라서 우리는 매일 누군가와 의사소통을 하고 있지만 그 중요성에 대해 얼마나 알고 있는지 다시 한번 생각해볼 필요가 있다.

1 의사소통이란?

의사소통(Communication)은 '상호 공통점을 나누어 갖는다'라는 말로 라틴어 'Communis(공통, 공유)'에서 나온 말이다. 의사소통은 말하는 사람과 듣는 사람 사이에서 이루어진다.

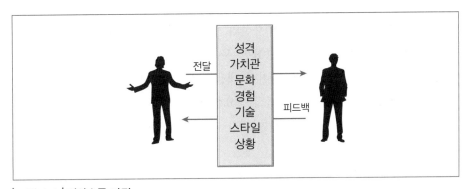

| 그림 1-1 | **의사소통 과정**

의사소통은 하나의 과정(Process)이다. 의사소통이란 끊임없이 메시지를 주고받는 과정이며, 순환적인 것이다. 의사소통 과정은 [그림 1-1]과 같이 송신자, 수신자, 피드백, 메시지라는 네 가지 요소가 상호 작용하게 된다.

- **송신자**: 생각, 감정, 정보 등의 메시지를 전달하는 사람이다. 송신자의 음성, 감정 상태 등으로 메시지가 전달되는 과정에서 왜곡, 변형, 삭제 및 소멸 등의 현상이 나타날 경우 정확한 내용의 전달이 어려울 수 있다.
- **수신자**: 송신자가 전달하는 메시지를 듣고 받아들이는 사람이다. 전달된 메시지의 종착점이며, 수신자의 성격, 가치관, 문화, 경험 등으로 송신자의 메시지가 제대로 전달되지 않을 수 있다.
- **피드백**: 송신자의 메시지에 대한 수신자의 반응이다. 송신자는 수신자의 피드백을 통해 자신의 의사소통 방법을 수정·보완함으로써 메시지가 보다 정확하게 전달되도록 한다.
- **메시지**: 의사소통 과정에서 주제가 되는 메시지는 언어적 혹은 비언어적 형태를 띄게 된다. 메시지는 내용에 대한 주제와 친화형 메시지, 존중형 메시지, 지배형 메시지와 같은 관계적 요소를 포함한다.

[그림 1-1]의 의사소통 과정을 보면 말하는 사람은 상대방에게 자신이 말하고자 하는 내용을 메시지로 구성하여 전달하고, 듣는 사람은 상대방의 메시지를 자신의 성격, 가치관, 문화 등을 바탕으로 해석한 후, 피드백을 한다.
이 [그림 1-1]에서 우리는 네모 부분에 주의를 기울여야 한다. 네모 부분은 블랙박스이다. 상대방이 어떠한 성격, 가치관, 문화, 경험, 스타일, 상황 등에 처해 있는지 정확히 알 수 없기 때문에 우리는 전달하고자 하는 메시지가 잘못 해석되지 않도록 주의를 기울여야 한다.

자신이 얼마만큼 알고 있는가보다 자신의 생각을 얼마나 잘 표현하고, 상대방의 의견을 얼마나 잘 들어주는가가 중요한 시대가 되었다. 이에 따라 발표나 토론, 문서작성, 경청 등 의사소통에 관련한 내용을 담은 서적이 수없이 출간되고 있다. 이처럼 요즘에는 의사소통능력의 중요성이 강조되고 있으며, 의사소통이 원활하지 못하면 그만큼 직장생활뿐 아니라 기타 사회생활에서 많은 어려움을 겪기도 한다.
다음 사례는 직장 내 의사소통의 중요성을 보여준다.

사례 ❶

1분 내에 발언을 끝내 주세요

올해 K회사 구매 업무 팀장을 맡고 있는 입사 7년차 L팀장은 팀원과 협력하여 회사 내부 업무뿐 아니라 대외 구내 활동 등에 적극적으로 관여하고 있다.

그 결과 역대 팀장 중 최고라는 좋은 평판을 듣고 있다. 그가 주간 회의를 이끌거나 팀장으로서 발언을 할 때 듣는 사람들이 남다른 집중을 하게 되는데, 그 이유는 L팀장의 탁월한 의사소통능력 때문이다.

그는 "주간 회의 때는 추상적인 설명보다는 구체적으로 간결하게 말하여 1분 내에 발언을 끝내는 것을 원칙으로 한다."라고 말하며 그의 인기 비결을 말해주었다. 또한 "정확한 개념을 가지고 있으면 1분 내에 의사전달을 명확히 할 수 있어 회의 등에서 팀원들과 의사소통을 잘할 수 있고 공식적인 대외활동에서 발언을 할 때에도 간결하게 말하여 동의와 신뢰를 이끌어내는 데 성공하였다."라고 말했다.

– 한국산업인력공단 직업기초능력 의사소통능력 학습자용 워크북 p.12, 국가직무능력표준 홈페이지(http://www.ncs.go.kr)

앞에 나온 사례를 보면 L팀장은 의사소통을 원활히 함으로써 대내적으로 높은 평판을 받고 있다. 이와 같이 의사소통을 원활히 하기 위해서는 [그림 1–1]의 의사소통 과정에 대해 명확히 이해하고, 상대방이 왜곡하지 않도록 메시지를 전달하는 데 많은 노력을 기울여야 한다.

2 조직 내 의사소통

관리자를 일반 관리자, 개인 관점에서 성공한 관리자, 조직 관점의 고성과 관리자와 같이 세 가지 유형으로 나누어 직장에서 의사소통에 할애하는 시간을 조사한 결과, 고성과 관리자, 일반 관리자, 개인 관점에서 성공한 관리자의 순으로 의사소통에 할애하는 시간이 많은 것으로 나타났다. 반면 관계 형성을 위한 네트워킹에 할애하는 시간의 양은 개인 관점에서 성공한 관리자, 일반 관리자, 고성과 관리자의 순으로 나타났다. 이 연구를 토대로 우리는 조직 내에서 우수한 성과를 나타내는 사람은 결국 의사소통이 뛰어난 사람이라는 것을 알 수 있다.

일반적으로 조직 내에서 이루어지는 의사소통은 채널(수직적·수평적 채널)과 내용(공식적·비공식적 내용)을 기준으로 구분한다. ① 수직적·공식적 의사소통은 업무 지시, 보고, 피드백 등이 주를 이루며, ② 수직적·비공식적 의사소통은 상사와 부하 직원 간 친목을 위한 대화, 개인적인 고민 등이 주를 이룬다. 또한, ③ 수평적·공식적 의사소통은 직장 내 동료 간 업무에 대한 협조를 위해 활용되며, ④ 수평적·비공식적 의사소통은 직장 내 동호회, 간담회 등 개인 친목적인 목적으로 많이 사용된다.

| 표 1-1 | 의사소통의 분류

채널 ＼ 내용	공식적	비공식적
수직적	상사·부하 직원 간 업무 지시, 보고, 피드백	상사·부하 직원 간 업무 외적인 의사소통
수평적	동료 간 업무 협조	• 동호회 • 인간관계 위주 의사소통

과거 조직 내에서는 수직적·공식적 의사소통이 일반적이었으나, 최근 조직 내에서 의사소통의 중요성이 높아지며 점차 수평적·비공식적 영역으로 확장되고 있다. 다음 사례를 살펴보자.

사례 ❷

직원의 고충을 제대로 알자

세계적 제약 기업인 파이저의 제프 킨들러 회장은 직원의 고충이나 건의 사항에 귀를 기울이기 위하여 매일 동전 10개를 바지 주머니에 넣고 다녔는데, 자신이 직원의 고민이나 이야기를 충분히 들었다고 판단하면, 주머니에 있는 동전 하나를 꺼내 다른 쪽 바지 주머니로 옮겼다.

10개의 동전이 다른 쪽 바지 주머니로 다 옮겨지면 그날은 직원과 의사소통을 원활히 한 날인 것이다.

앞에 나온 사례는 유연한 조직을 갖기 위하여 경직된 의사소통보다는 직원이 언제든지 자신의 고충과 고민, 건의 사항을 제안할 수 있도록 유연한 의사소통을 택한 사례로 볼 수 있다.

과거 세계적인 휴대폰 제조 기업이었던 노키아는 한때 세계 모바일 시장의 40% 이상을 점유할 정도로 많은 인기가 있었다. 하지만 결국 노키아는 시대의 흐름을 따라가지 못하여 쇠퇴하게 되었다. 다음은 이 노키아에 관한 사례이다.

사례 ❸

조직 내 의사소통 실패

스마트폰이 활성화되기 이전 노키아는 고가의 제품부터 저가의 제품까지 제품 라인업을 갖추며, 전 세계 시장 점유율에서 1위의 자리를 유지하고 있었다. 급변하는 소비자의 요구에 맞추기 위하여 노키아 내부에서는 터치스크린 개발과 노후화된 OS의 성능 개선 방안이 지속적으로 제시되었으나 시장성과 사업성이 불확실하다는 이유로 내부의 목소리 중 어느 하나도 경영진에 의해 채택되지 않았다.
아이폰과 안드로이드가 점차 성장함에 따라 노키아의 시장 점유율은 계속 하락하게 되었고, 결국 노키아는 마이크로소프트사에 인수되었다.

이 사례는 경직된 조직 내부에서 의사소통이 원활히 이루어지지 않아 결국은 기업이 몰락하게 된 내용이다. [사례 2]와 [사례 3]을 통해 우리는 유연한 의사소통의 중요성에 대해 다시 한번 생각해 볼 수 있다.

❸ 의사소통능력 개발[2]

의사소통능력을 개발하기 위해서는 자신이 의사소통의 중요한 주체임을 인지하고, 자신의 문제점을 객관적으로 분석하며 또한, 타인을 이해하려는 노력을 기울여야 한다.

1) 사후 검토와 피드백 주고받기

　의사소통의 왜곡에서 오는 오해와 부정확성을 줄이기 위하여 말하는 사람은 사후 검토와 피드백을 이용하여 메시지의 내용이 실제로 어떻게 해석되고 있

---

2) 출처: 한국산업인력공단 직업기초능력 의사소통능력 학습자용 워크북 pp.33~34, 국가직무능력표준 홈페이지(http://www.ncs.go.kr)

는가를 조사할 수 있다. 얼굴을 맞대고 하는 의사소통에서는 이러한 사후 검토나 피드백을 직접 물어볼 수 있고 또는 얼굴 표정 등으로 정확한 반응을 얻을 수 있다. 단, 피드백은 상대방의 행동을 개선할 수 있는 기회이지만, 부정적이고 비판적인 피드백만을 계속 주는 경우 오히려 역효과가 나타날 수 있으므로, 피드백을 줄 때 상대방의 긍정적인 면과 부정적인 면을 균형 있게 전달할 수 있어야 한다.

2) 언어의 단순화

의사소통에서 전달하는 메시지를 구성할 때 사용되는 언어는 듣는 사람을 고려하여 주의 깊게 선택하고, 명확하며 이해 가능한 어휘들을 선택해야 한다. 전문 용어는 해당 언어를 사용하는 조직 구성원들 사이에서는 이해를 촉진시키지만, 고객이나 조직 밖의 사람들에게 사용했을 때는 의외의 문제를 야기할 수 있기 때문에 단어 선택에 주의하여야 한다.

3) 적극적인 경청

다른 사람과 대화를 나눌 때 상대방이 자신의 말에 별 관심을 보이지 않는다면 더 이상의 대화는 무의미해질 것이다. 단순히 상대방의 이야기를 들어주는 것과 경청의 의미는 다르다. 듣는 것은 수동적인 데 반해 경청은 능동적인 의미의 탐색이다. 의사소통을 하는 양쪽 모두가 같은 주제에 관해 생각하고 있다는 것이다.

하지만 경청은 지적인 노력을 요구하고 전적으로 정신력의 집중을 필요로 하기 때문에 그리 쉬운 일이 아니다. 따라서 상대방의 입장에서 생각하려고 노력하면서 감정이 이입될 때, 현재 일어나고 있는 의사소통에서 무엇이 이야기되고 있는가를 주의 깊게 경청하므로 적극적 경청은 더욱 용이해진다.

4) 감정의 억제

우리는 감정적인 존재이므로 언제나 이성적인 방법으로만 의사소통을 하지는 않는다. 의사소통에 있어서 느낌을 갖는다는 것은 자연스러운 일이다. 하지만 자신의 상황에 따라 어떤 문제에 대해 감정적으로 좋지 못한 상황에 있을 때에는 메시지를 곡해하여 받아들이기 쉽다. 또한, 자신의 의사표현을 명확하고 정확하게 전달하지 못하는 경우가 많다. 이러한 상황에서 가장 좋은 방법은 그 자리에서 즉각적인 피드백을 주기보다는 잠시 여유를 두고 자신의 감정을 다스린 후 피드백을 주는 것이다.

의사소통은 자신의 말을 일방적으로 전달하는 것이 아닌 자신이 의도한 대로 상대방이 이해하도록 생각을 전달하는 것을 의미한다. 그러기 위해서는 나 자신뿐만 아니라 상대방에 대한 깊은 이해가 있어야 하며, 특히 직장에서는 자신과 의사소통을 하게 될 상사, 동료, 부하 직원 및 고객에 대한 깊은 이해가 밑바탕이 되어야 한다.

사례연구

조원 간의 의견 차이를 대화로 조율하다

올해 회사에서 직장 내 업무 과제로 조별 프레젠테이션이 있었다. 각자 역할을 분담해서 나대화 사원과 입사 동기인 K사원은 PPT 작성, L사원은 자료 수집, P사원은 발표, C사원은 총괄 역할을 맡았다. 1주일간의 준비 기간 동안 모든 조원들이 열심히 각자의 역할을 다했지만 예상치 못하게 K사원이 집안일을 핑계로 PPT 작성을 거의 나대화 사원에게 맡겨 버리는 상황이 되었다.

조원들의 중간 모임에서 나대화 사원이 이 사실을 다른 조원들에게 말하자 K사원에게 모든 질타가 모아지고 말았다. 이로 인해 친구 관계까지 서먹해질 수 있는 최악의 상황이 되고 말았다.

중간 모임이 끝나고 나대화 사원은 단짝 K사원의 업무 시간이 끝나기를 기다리며 어떻게 말을 해야 할지 고민한 끝에 장문의 문자를 보냈다. "네가 집안 사정 때문에 시간이 부족했을 텐데 그런 부분을 배려하지 못해서 미안해. 내가 조금 더 신경 써서 마무리하도록 할게. 너도 틈나는 대로 함께 하자."
이에 K사원이 "나도 그동안 내 역할을 잘 못해서 항상 미안하게 생각하고 있었어. 네가 이렇게 말해 주니 고맙다. 같이 열심히 해서 우리 조가 꼭 1등을 했으면 좋겠어."라고 말했다. 이렇게 서로의 입장을 이해하여 최선을 다해 준비한 결과 나대화 사원의 조는 결국 1등을 하게 되었다.

– 한국산업인력공단 직업기초능력 의사소통능력 학습자용 워크북 p.17,
국가직무능력표준 홈페이지(http://www.ncs.go.kr)

교육적 시사점

• 나대화 사원은 말로 하기 어려운 자신의 의사를 문자를 통해 전달하였다.
• 자신의 입장을 표현하고, 상대방의 입장을 들음으로써 원활한 의사소통이 이루어지고, 공감대가 형성될 수 있다. 조직 내에서 원활한 의사소통은 업무 활동에서 중요한 요소이다.

탐구활동

1. 의사소통에 실패하여 친구와의 관계가 나빠진 경험과 그 이유를 작성해 보자.

2. 【사례 1】을 읽고 자신이 생각하는 '1분 내에 발언을 끝내기 위해 가장 중요한 것'을 작성해 보자.

학습평가

정답 및 해설 p.218

1   다음은 조직 내 발생할 수 있는 의사소통을 분류한 것이다. ①~③에 알맞은 말을 채워 넣으시오.

채널 \ 내용	(①)	비공식적
수직적	상사·부하 직원 간 업무 지시, 보고, 피드백	상사·부하 직원 간 (②)
수평적	동료 간 (③)	• 동호회 • 인간관계 위주 의사소통

※ (   ) 안에 알맞은 말을 채워 넣으시오. (2~5)

2   송신자는 생각, 감정, 정보 등의 메시지를 전달하는 사람이다. 송신자의 음성, 감정 상태 등으로 메시지가 전달되는 과정에서 (   ), (   ), (   ) 및 (   ) 등의 현상이 나타날 경우 정확한 내용의 전달이 어려울 수 있다.

3   수신자는 송신자가 전달하는 메시지를 듣고 받아들이는 사람이다. 전달된 메시지의 종착점이며, 수신자의 (   ), (   ), (   ), (   ) 등으로 송신자의 메시지가 제대로 전달되지 않을 수 있다.

4   피드백은 송신자의 메시지에 대한 수신자의 (   )(이)다. 송신자는 수신자의 피드백을 통해 자신의 의사소통 방법을 수정·보완함으로써 메시지가 보다 정확하게 전달되도록 한다.

5   메시지는 의사소통 과정에서 주제가 되는 것으로, 언어적 혹은 비언어적 형태를 띠게 된다. 메시지는 내용에 대한 주제와 (   ), (   ), (   )와/과 같은 관계적 요소를 포함한다.

직장생활에서 의사소통

1. 직장생활에서 의사소통의 의미

직장생활에 있어서의 의사소통의 의미는 공식적인 조직 안에서의 의사소통을 의미한다. 직장생활에서의 의사소통은 조직의 생산성을 높이고, 사기를 진작시키며, 정보를 전달하고 설득하려는 목적을 가지고 있다.

2. 직장생활에서 의사소통의 기능

1) 의사소통은 조직과 팀의 효율성과 효과성을 성취할 목적으로 이루어지는 구성원 간 정보와 지식의 전달 과정으로서 여러 사람의 노력으로 공통의 목표를 추구해 나가는 집단 내의 기본적인 존재 기반이고 성과를 결정하는 핵심 기능이라 할 수 있다.

2) 의사소통의 역할은 개인들이 집단을 이루어 활동할 때 그 활동을 효과적으로 수행할 수 있도록 해주는 것이다. 효과적이고 원활한 의사소통은 조직과 팀의 핵심적인 요소로서, 구성원 간에 정보를 공유하는 중요한 기능을 한다.

3. 직장생활에서 의사소통의 중요성

1) 인간관계 특히 조직 내에서 의사소통은 직장생활에서 필수적이며, 대인관계의 기본이 된다.

2) 의사소통은 제각기 다른 사람들이 서로에 대한 지각의 차이를 좁혀 주며, 선입견을 줄이거나 제거해 줄 수 있는 수단이다.

조직의 구성원은 다양한 사회적 경험과 사회적 지위를 토대로 한 개인의 집단이므로 동일한 내용을 제시하더라도 각각 다르게 받아들이고 반응한다. 메시지는 고정된 단단한 덩어리가 아니라 유동적이고 가변적인 요소이기 때문에 상호 작용에 따라 다양하게 변형될 수 있다는 사실을 기억해야 한다.

― 한국산업인력공단 직업기초능력 의사소통능력 학습자용 워크북 pp.14~15 부분 발췌, 국가직무능력표준 홈페이지(http://www.ncs.go.kr)

제2절 의사소통의 형태

우리는 흔히 의사소통이라고 하면 언어적인 면, 즉 말로써 이루어진 것만을 생각하기 쉽다. 하지만 의사소통에는 언어적인 것 외에 비언어적인 것도 있다. 다시 말해서 고개를 끄덕이거나 웃음으로써 생각이나 감정을 전달할 수 있는 것이다. 말의 내용에 따라 의미가 결정되는 것을 언어적 의사소통이라고 하며, 말이 아닌 방법으로 이루어지는 의사소통을 비언어적 의사소통이라고 한다.

언어적 의사소통과 비언어적 의사소통 중 우리는 어떠한 유형의 의사소통을 많이 사용하고 있을까? 놀랍게도 레이 버드휘스텔(Ray Birdwhistell)에 따르면 언어에 의한 의사소통이 35% 이하에 불과하고 65% 이상이 비언어적 의사소통으로 구성되어 있다고 한다.

〈공공의 적〉이란 영화의 한 장면을 살펴 보면 부모를 살해한 살인자가 울음을 터뜨리며 슬픔을 표현한다(언어적 표현). 하지만 책상 밑에서 천연덕스럽게 떨고 있는 그의 다리를 통해(비언어적 표현) 그가 거짓말을 하고 있음을 나타내고 있다.

이처럼 언어적 표현과 비언어적 표현이 서로 다른 의미를 내포할 때, 우리가 신뢰할 수 있는 것은 바로 비언어적 표현이다. 왜냐하면 비언어적 의사소통은 우리의 무의식 세계를 보여주기 때문이다.

1 언어적 의사소통

언어적 의사소통은 구두에 의한 의사소통과 문서에 의한 의사소통으로 나눌 수 있다. 구두로 이루어지는 의사소통에는 어떠한 것이 있을까? 우리가 가장 많이 접하는 대화, 연설, 발표, 소문 등이 구두로 이루어지는 의사소통이며, 문서에 의한 의사소통에는 편지(요즘은 이메일), 문자 및 SNS, 메모 등이 있다.

구두에 의한 의사소통은 의사소통의 질이 높고, 신속하게 메시지가 전달되며 피드백이 빠르다. 반면 대상이 제한되며, 여러 사람을 거칠 경우 메시지가 왜곡될 가능성이 높아진다. 또한, 한번에 많은 양을 전달하기 어렵고, 상황에 따라 다른 의미를 갖게 되며, 억양·음조 등으로 의미가 달라진다.

문서에 의한 의사소통은 정확성과 보존성이 높으며, 한번에 많은 양을 전달할 수 있다는 장점이 있지만, 피드백이 어렵고 표현의 한계가 존재하며 상대방에 전달되었는지 확인이 어렵다. 게다가 문서의 유출 등으로 인한 비밀 누설의 가능성이 높다.

| 표 1-2 | **구두에 의한 의사소통과 문서에 의한 의사소통 비교**

구분	구두에 의한 의사소통	문서에 의한 의사소통
대상	제한적	대량
정확성	• 미흡 • 여러 사람을 거칠수록 왜곡의 가능성이 높아짐	높음
피드백	빠름	어려움
보존성	낮음(왜곡 가능성 있음)	높음
표현의 자유	높음	낮음

올바른 말하기능력은 질문하기, 감각 정보 묘사하기, 생각 표현하기, 감정 나누기, 소망 이야기하기 등의 연습을 통해 향상시킬 수 있다.

1) 질문하기

질문하기에서 질문은 개방적 질문과 폐쇄적 질문으로 나눌 수 있다. 개방적 질문은 자유로운 응답을 통해 다양한 반응을 얻을 수 있기 때문에 대상자에게 '언제', '어떻게', '무엇을', '어디서' 등과 같은 것을 이끌어 내는 데 도움이 된다. 반면 폐쇄적 질문은 제한된 응답을 얻게 되지만, 구체적이고 자세한 정보를 얻을 수 있다는 장점이 있다.

일반적으로 개방형 질문(예: "시험은 어땠니?", "지난주에 무슨 일 있었어?")으로 상대방의 반응을 확인한 후, 구체적인 정보를 얻기 위해 폐쇄형 질문을 사용하는 것이 바람직하다.

2) 감각 정보 묘사하기

감각 정보 묘사하기는 감각 기관(눈, 코, 입, 혀)을 통해 지각하는 상대방의 언어적·비언어적 메시지를 객관적으로 받아들이는 것이다. 예를 들어 상대방과 대화를 할 때 상대를 바라보며 '저 사람은 말할 때 시선이 오른쪽을 향하고 있으니 거짓말을 하고 있는 중일 수도 있구나. 조심해야겠다' 또는 '이 사람은 나와의 대화를 빨리 끝내고 싶어 하는 걸 보니 나한테 관심이 없는 것 같구나' 라는 식으로 메시지를 받아들이는 것이다.

3) 생각 표현하기

자신의 생각을 표현하는 것은 다른 사람들로 하여금 자신에 대해 추측하지 않게 함으로써 자신의 생각이 현재 어느 과정에 있는가를 정확히 알 수 있게 만든다.

4) 감정 나누기

자신의 행동과 관련된 감정을 분명히 말함으로써 자신의 행위를 더 명확하게 전달할 수 있다.

5) 소망 이야기하기

자기의 소망을 이야기함으로써 자신이 원하는 바를 협상할 수 있는 기회를 제공하며, 숨겨왔던 자신의 내심을 갑자기 드러내어 상대방에게 충격을 주는 가능성을 줄여준다.

앞에서 설명한 '올바른 말하기능력을 향상시키는 방법'을 생각하며 링컨 대통령과 관련한 다음 사례를 살펴보자.

사례 ❶

가슴깊이 남는 연설

에이브러햄 링컨.

그는 22세에 사업 실패, 23세에는 주의원 선거 낙선, 24세에는 사업 실패, 26세에는 사랑하는 이의 죽음, 29세에는 의회 의장 선거 낙선. 31세에는 대통령 선거에서 낙선했다. 여기서 끝이 아니다. 34세와 39세 때 국회의원 선거에서 낙선했고, 46세에는 상원 의원 선거, 47세에는 부통령 선거에서 낙선했다. 게다가 49세에 상원 의원 선거에서 또 낙선했다. 51세에 미국 대통령에 당선되기까지 그는 이처럼 수많은 실패를 맛보았다.

하지만 전국적으로 그를 알리게 된 연설이 있으니, 바로 1854년 스프링필드에서 노예제를 정면으로 비판한 '피오리아 연설'이다.

"만약 우리가 그들(미국 남부인들)과 같은 상황에 처해 있었다면 우리도 똑같이 행동했을 것이다. 기존에 그들에게 노예제도가 존재하지 않았다면 그들은 노예제도를 비호하지 않았을 것이다. …."

이 연설로 링컨은 삽시간에 전국적인 인물로 부각되었으며, 1860년 미국 대통령 선거에서 대통령으로 당선될 수 있었다.

링컨이 대통령이 된 이후 남북전쟁이 발발하게 되고, 게티즈버그에서 전사자들을 추모하는 위령제에 참석한 그는 여기에서도 "국민의, 국민에 의한, 국민을 위한 정부"라는 인상적인 말을 남기게 된다.

링컨은 전례를 들어 자신의 주장이 정당함을 입증하며, 원칙을 우선시하고 상대방의 입장을 포용하는 스타일이었다. 피오리아 연설에서 링컨은 노예 소유주들을 비난하는 대신 그들의 입장을 이해하고, 그들을 포용하는 방법으로 많은 사람들을 공감하게 만들었다. 만약 링컨이 일방적으로 노예 소유주들을 비난하기만 했다면, 그는 결코 대통령이 되지 못했을 것이다. 상대방을 이해하고 포용하려는 자세! 그것이야말로 의사소통에서 중요한 요소 중 하나가 아닐까?

2 비언어적 의사소통

미국 캘리포니아대학교 심리학과 명예교수이자 심리학자인 앨버트 메러비언(Albert Mehrabian)은 상대방에 대한 인상이나 호감을 결정하는 데 있어 목소리는 38%, 보디랭귀지는 55%의 영향을 미치는 반면, 말하는 내용은 겨우 7%만 작용한다는 이론을 발표하였다. 즉, 말보다는 비언어적 요소인 시각과 청각이 효과적인 의사소통에 많은 영향을 끼친다는 것이다.

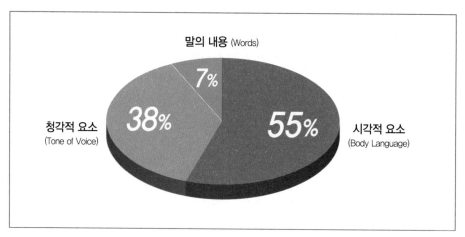

| 그림 1-2 | 메러비언의 법칙

비언어적 의사소통은 언어적 의사소통 과정을 보다 효과적으로 진행시키는 데 도움을 줄 수 있으며, 언어적 의사소통만으로는 표현하기 어려운 복잡하고 미묘한 감정이나 태도 등을 전하는 데 유용하다.

다음은 비언어적 의사소통 수단들이다.

1) 얼굴 표정

얼굴 표정은 개인의 감정을 표현하는 비언어적 수단이다. 미소를 짓는 것으로 호감·사랑·기쁨·만족을 표시하며, 입술을 깨물거나 눈살을 찌푸리는 것으로 상대방에 대한 불쾌감이나 분노를 표현한다.

2) 음성

음성의 고저, 크기, 속도, 강약, 리듬, 억양, 잠시 멈춤, 웃음, 신음 소리, 기침 등의 비언어적 소리는 다양한 정보를 제공한다. 어조가 높으면 상대방에게 적대감과 대립감을 불러일으키고, 말의 속도와 리듬이 빠르면 상대방을 싫증나게 한다. 잦은 멈춤은 노여움이나 공포를 나타내며, 너무 자주 멈추면 긴장 또는 저항을 의미한다.

3) 눈 맞춤

대화 중에 온화하게 눈을 맞추는 것은 상대방에게 관심을 표현하는 것이다. 눈 맞춤을 피하는 것은 상대에게 관심이 없다는 것을, 적대감을 내비치는 눈 맞춤은 상대에게 위협적인 메시지를 전달할 수 있다.

4) 제스처(몸짓)

손, 발, 팔, 머리 등 신체의 움직임을 적절히 사용함으로써 메시지를 분명하게 강조하여 전달할 수 있다. 대화 시 취하게 되는 자세(예: 팔짱을 끼는 자세, 상대방 쪽으로 몸을 기울이는 자세, 몸을 뒤로 젖히는 자세 등)는 상대방에 대한 호감의 정도나 태도를 나타낸다.

5) 접촉

접촉은 신체적 접촉과 개인 공간의 접촉으로 나눌 수 있다. 접촉은 연인의 신체적 접속, 대화 중 상대방의 신체의 일부분을 건드리는 접촉 등이 있다. 개인 공간의 접촉은 사람마다 자신의 주위에 물리적인 공간을 설정하는데 그것이 바로 개인적인 공간이다. 물리적인 거리는 개인적인 친밀도에 따라 변하게 되는데, 미국의 문화인류학자인 에드워드 홀(Edward T. Hall)은 일정한 패턴으로 타인을 대할 때 거리를 두는 것을 다음과 같이 네 단계로 구분하여 증명하였다.

- 친밀한 거리: 0 ~ 45cm
- 개인적인 거리: 45cm ~ 1.2m
- 사회적 거리: 1.2 ~ 3.7m
- 공적 거리: 3.7m 이상

비언어적 의사표현은 일상생활에서도 중요하지만, 직장에서 프레젠테이션이나 업무에 대한 보고를 할 때도 상당히 중요하다. 프레젠테이션 관련 서적을 찾아보면 대부분 자세나 몸짓 언어(보디랭귀지)의 중요성을 강조하고 있다. 그만큼 비언어적 의사표현이 의사소통에서 상당한 부분을 차지하고 있다는 것을 의미하는 것이다.

사례 ❷

프레젠테이션의 자세

K사의 나잘난 과장은 매사에 자신감이 넘치며 말에 힘이 있어 항상 주위 사람들로부터 좋은 평판을 얻고 있다.

어느 날 평소 나잘난 과장에게 호감이 있던 부장이 나잘난 과장에게 내년도 신상품에 관한 기획안을 맡겼으며, 나잘난 과장은 시장 조사부터 많은 자료를 준비하여 신상품 기획안을 완성하였다.

드디어 대망의 신상품 기획안 발표일. 나잘난 과장은 사장 이하 임원들을 모아놓고 프레젠테이션을 시작하였다. 슬라이드를 열심히 넘기며 핵심만 쏙쏙 뽑아내서 발표하는 나잘난 과장의 모습에 모든 사람들이 감탄을 금치 못했다.

그러나 나잘난 과장의 기획안은 채택되지 못했다. 이에 화가 난 나잘난 과장이 부장에게 달려가 따지듯이 물었다. 그렇지만 부장의 말에 나잘난 과장은 더 이상 말을 할 수 없었다.

"나잘난 과장, 자네 프레젠테이션을 할 때, 계속 짝다리를 하고 있었던 거 기억나나? 팔짱은 또 왜 그렇게 끼고 있었나? 또 질문하는 사람에게 턱을 들고 내려다 보며 대답한 것 기억나나? 프레젠테이션에 참석한 많은 임원들께서 자네가 너무 시건방지다 느끼셨다는군. 부사장님께서는 자네 기획안을 재검토하라 지시 내리셨고, 그 결과 기획안을 채택하지 않기로 했다네."

앞에서 본 사례를 통해 우리는 아무리 언어적 의사소통능력이 뛰어나다고 하더라도 부적절한 비언어적 의사소통능력으로 상대방을 불쾌하게 만들 수 있다는 것을 알 수 있었다.

의사소통은 언어적 의사소통만으로 이루어지는 것이 아니다. 항상 상대방은 나의 비언어적 메시지를 눈여겨보고 있음을 깨달아야 한다.

사례연구

과장님은 맨날 똑같은 말만 해

매주 수요일 업무 보고 시간에 참석하는 홍보팀의 팀원들은 A과장이 입을 열자 서로 눈치를 보며 한숨을 쉰다.

A과장은 매번 회의에서 똑같은 말만 반복하기로 유명해진지 오래되었고, 회사에서 A과장만 모르는 그의 별명은 '앵무새'이다. 그는 그에게 익숙한 말들만 고집스레 반복하여 사용하기 좋아하는 대표적인 상사이다.

기업 이미지 홍보 전략을 위한 회의에서도 A과장은 별다른 전략적 제안 없이 무조건 부하 직원들에게 "그럼 기대하겠네."라는 말을 하고, 직원 사기 증진을 위한 홍보 전략 회의에서도 역시나 A과장은 별다른 전략적 제안 없이 무조건 부하 직원들에게 "그럼 기대하겠네."라는 말만 반복했을 뿐이다.

이제 A과장과 함께하는 홍보팀 회의는 A과장이 말을 꺼내기 시작하면 하품을 하거나, 지루한 표정을 짓는 부하 직원들이 많아졌다. A과장도 좀처럼 잡히지 않는 회의 분위기를 의식한 듯 어떻게든 회의를 가다듬어 보려고 하지만, 자신은 왜 그러는지 이유를 몰라 답답하기만 하다.

– 한국산업인력공단 직업기초능력 의사소통능력 학습자용 워크북 p.36,
국가직무능력표준 홈페이지(http://www.ncs.go.kr)

교육적 시사점

- A과장은 부하 직원들과 관계를 맺고, 자신의 말이 귀감이 되도록 의사소통을 하여 생산적인 회의를 진행하고 싶지만 마음처럼 되지 않는다.
- 의사소통은 과정이며, 지속적인 피드백이 있어야 한다. 하지만 A과장은 피드백을 제대로 주지 못하여 직원들에게 인정받지 못하고 있다. 피드백을 원활히 하기 위해서는 상대방의 말을 잘 경청하고, 자신의 생각을 정리하여 제시하여야 한다.

탐구활동

1. 의사소통 시 기억에 남았던 상대방의 비언어적 표현이 있었다면 이를 작성해 보자.

2. 친구가 기분이 좋지 않던 모습을 본 적 있는가? 그 상황을 떠올리면서 친구에게 기분이 좋지 않은 이유를 물어볼 수 있는 개방형·폐쇄형 질문의 유형과 친구가 기분이 좋지 않았던 이유를 작성해 보자.

   〈개방형 질문의 내용〉

   〈폐쇄형 질문의 내용〉

   〈친구가 기분이 좋지 않았던 이유〉

3. 【사례연구】를 읽고 자신의 의견을 개진하지 않은 채 단순히 의미 없는 말만 반복했던 경험과 그 이유를 작성해 보자.

   〈상황〉

   〈이유〉

학습평가

정답 및 해설 p.218

※ ( ) 안에 알맞은 말을 채워 넣으시오. (1~4)

1

구분	구두에 의한 의사소통	문서에 의한 의사소통
대상	제한적	대량
정확성	• 미흡 • 여러 사람을 거칠수록 ( )의 가능성이 높아짐	높음
피드백	( )	어려움
보존성	낮음(왜곡 가능성 있음)	( )
표현의 자유	높음	낮음

2 감각 정보 묘사하기는 감각 기관을 통해 지각하는 상대방의 언어적·비언어적 메시지를 ( )(으)로 받아들이는 것이다.

3 미국 캘리포니아대학교 심리학과 명예교수이자 심리학자인 ( )은/는 상대방에 대한 인상이나 호감을 결정하는 데 있어 목소리는 38%, ( )은/는 55%의 영향을 미치는 반면, 말하는 내용은 겨우 7%만 작용한다는 이론을 발표하였다. 효과적인 의사소통에 있어 말보다는 비언어적 요소인 ( )와/과 ( )에 의해 더 큰 영향을 받는다는 것이다.

4 질문의 유형 중 ( )은/는 제한된 응답을 얻게 되지만, 구체적이고 자세한 ( )을/를 얻을 수 있다는 장점이 있다.

Tip

Charles E. Redfield의 의사소통원칙

1. 명료성
의사소통을 위해서 전달자는 간결한 문장과 쉬운 용어를 사용하여 수신자가 그 의미를
명확히 이해할 수 있도록 해야 한다.

2. 일관성
전달되는 메시지는 일관성을 유지해야 한다.

3. 적시성
의사전달은 너무 늦거나 빠르면 안 되고, 적당한 시간에 이루어져야 한다.

4. 적정성
전달하는 메시지에 정보가 너무 많거나 너무 적으면 수신자가 이해하기 어렵다.

5. 배포성
의사소통은 정보의 전달 범위, 대상자를 명확히 하여 필요한 사람에게 전달되어야 한다.

6. 적응성과 통일성
적응성은 의사전달이 융통성이 있고, 개별적이며 현실 적합성을 가져야 함을 말하며,
통일성은 내용의 통일성을 의미한다.

7. 관심과 수용
효과적인 의사소통은 관심과 수용 없이는 이루어질 수 없다. 수신자가 어느 정도의 관
심과 수용적인 태도를 갖추고 있는지가 중요하다.

제3절 효과적인 의사소통

사람들은 의사소통의 중요성에 대해 익히 알고 있지만, 부지불식중(不知不識中)에 의사소통을 저해하는 행위들을 종종 하곤 한다. 의사소통을 저해하는 요인들에는 어떤 것들이 있는지 알아보고, 효과적으로 의사소통을 하는 방법에 대해 살펴보도록 하자.

1 의사소통을 저해하는 요인

의사소통 과정을 나타냈던 [그림 1-1]을 다시 한 번 생각해 보자. 말하는 사람과 듣는 사람 사이에 블랙박스(네모 부분)가 존재한다고 하였고, 블랙박스로 인해 전달하고자 하는 메시지가 왜곡되거나 변형된다고 하였다.

의사소통을 저해하는 요인으로는 인간적 요인, 조직 구조적 요인, 사회문화적 요인이 있으며, 각 요인은 다음과 같다.

- **인간적 요인**: 판단 기준, 가치관, 선입견, 지식, 경험, 상대방에 대한 감정(호의 또는 악의) 등
- **조직 구조적 요인**: 조직의 성격, 규모, 조직 전문화로 발생한 분화에 의한 거리감 등
- **사회문화적 요인**: 다언어를 사용하는 다민족 국가, 방언, 전문 용어, 은어 등

의사소통을 저해하는 각 요인들을 이해하였으면 다음 사례를 살펴보자.

사례 ❶

> **인간적 요인에 의한 의사소통의 저해**
>
> K그룹에 재직 중인 무신경 과장과 예민한 과장은 최근 발표된 구조조정에 대해 이런저런 이야기를 나누고 있다.
>
> 예민한 과장: 요즘 회사 분위기가 너무 안 좋아.

무신경 과장: 맞아. '어떻게 하면 구조조정 대상에서 제외될 수 있을까?' 그 생각만 하고 있다니까.

예민한 과장: 진짜, 이런 분위기에선 일하기 싫어. 그만두고 장사나 할까?

무신경 과장: 예 과장 당신은 집도 부자고, 능력도 좋으니 회사를 안 다녀도 괜찮지 않을까? 회사 관두면 당신이 좋아하는 요트나 웨이크보드도 실컷 탈 수 있고, 난 당신이 부러워. 에휴, 난 모아 놓은 돈도 없고… 회사 관두면 살 길이 막막하네.

예민한 과장: 무 과장 당신, 도대체 그게 무슨 말이야? 나보고 회사를 그만두라는 얘긴가?

무신경 과장: 아니, 그게 아니고, 난 자네가 부럽다고 한 얘기야. 뭘 그리 예민하게 받아들이나?

예민한 과장: 됐어. 당신이랑 더 할 얘기 없네.

예민한 과장은 왜 무신경 과장의 말에 화가 난 것일까? 무신경 과장은 예민한 과장이 정말 부러워서 하는 말일 수도 있지만, 예민한 과장의 입장에서는 무신경 과장의 말이 자신을 조롱하는 말처럼 들린 것이다. 이처럼 의사소통을 저해하는 요인들에 대해 잘 알고, 그것을 피하도록 노력해야 우리는 원활한 의사소통을 할 수 있다.

조직 내에서 이루어지는 의사소통의 유형에는 하향적 의사소통, 상향적 의사소통, 수평적 의사소통이 있다. 하향적 의사소통과 상향적 의사소통은 상급자와 하급자 간의 의사소통이며, 수평적 의사소통은 동료, 조직 간의 의사소통이다.

하향적 의사소통은 상급자가 하급자에게 업무의 지시·명령을 할 때 발생한다. 하향적 의사소통을 할 때 상급자는 요구 사항을 명확하게 전달하여야 하급자가 지시받은 사항을 제대로 수행할 수 있다.

상향적 의사소통은 하급자가 상급자에게 업무 보고, 의견 개진, 주장 표명을 하는 유형으로 발생한다. 하급자가 조직의 특성, 문화, 상급자의 성격이나 성향을 감안하지 않고 무조건 자기의 주장만을 말한다면 원활한 의사소통이 이루어질까? 또한, 중간중간 업무 지시에 대한 보고를 하지 않는다면 어떻게 될까?

수평적 의사소통은 동료 간, 부서 간에 존재하는 이기주의적 사고방식, 상호 경쟁적 문화, 불신을 유발하는 조직 분위기 등으로 인하여 의사소통이 저해될 수 있다. 다음 사례를 살펴보자.

사례 ❷

자네는 일을 제대로 하고 있나?

얼마 전 부장이 무뚝뚝 대리를 불러 신상품 홍보에 관한 기획서를 작성하도록 지시하였다. 무뚝뚝 대리는 이제야 부장이 자신을 인정해 준다는 생각에 신이 나서 일에 몰두하였다.

무뚝뚝 대리는 며칠 동안 열심히 자료 조사를 마친 후 협력 업체와 여러 차례 미팅을 거듭하면서 기획서 작성에 매달렸다. 부장의 업무 지시가 내려진지 2주가 되었을 무렵, 부장이 무뚝뚝 대리를 불렀다.

"무 대리, 내가 지시한 업무 제대로 하고 있나?"

"네, 부장님. 자료 조사가 완료되었고 이제 기획서를 쓰고 있습니다."

"아니, 그럼 그렇다고 나한테 중간 보고를 했어야지. 자네는 일은 잘하는데, 항상 보고를 제대로 하지 않는 게 문제야. 난 자네가 내가 지시한 일을 아직 시작하지 않고 있다고 생각했어."

순간 심장이 덜컹 내려앉은 무뚝뚝 대리는 놀란 가슴을 부여잡고 대답했다.

"네, 부장님. 보고를 소홀히 해서 죄송합니다. 앞으로 자주 보고드리겠습니다."

업무를 지시하면 귀찮을 정도로 자주 찾아와 시시콜콜한 것까지 이야기하는 직원과 어느 날 갑자기 찾아와 보고하는 직원이 있다. 상급자는 시시콜콜한 것까지 알고 싶어 하지도 않으며, 꿀 먹은 벙어리처럼 가만있다 갑자기 찾아와 보고하는 것도 원하지 않는다.

앞에서 의사소통은 과정이라고 이야기했다. 과정이 제대로 이루어지기 위해서는 피드백이 지속적으로 이루어져 수정과 보완이 되어야 한다. 특히 상급자가 지시한 업무의 경우, 하급자는 상급자에게 업무 수행 과정 중 진행 상황에 대해 보고하는 습관을 들여야 한다.

─────
사례 ❸

목표: 사내 체육대회 1등

홍보팀 S팀장은 다소 꼼꼼한 성격 탓에 같은 부서 동료들이 스트레스를 많이 받는 일이 자주 일어났다. 이번 사내 체육 대회에서도 반드시 1등을 해야 한다는 목표를 향해 퇴근 후 저녁 늦게까지 열심히 연습하고 준비하였다.
하지만 가정 형편이 좋지 않아 퇴근 후 다른 일을 더 해야만 하는 사원, 부모님이 아프셔서 집에 일찍 들어가야 하는 사원들에게까지 연습에 참여하지 않는다고 지나치게 깐깐하게 대해 회사 동료들 사이에 불만이 쌓여 가고 있었다.

결국 그녀의 깐깐함 덕에 올해도 사내 체육 대회 1등이라는 목표를 이루었지만 그 과정에서 같은 부서 동료들은 S팀장의 리더십과 의사소통능력에 대해 의문을 가졌고 말다툼을 하게 되는 등 홍보팀 분위기가 사내 체육 대회 이전보다 훨씬 나빠졌다.

– 〈도대체 뭐가 불만인데?〉, 한국산업인력공단 직업기초능력 의사소통능력 학습자용 워크북 p.26.
국가직무능력표준 홈페이지(http://www.ncs.go.kr)

앞에서 본 사례를 통해 S팀장이 1등을 해야 한다는 목표를 달성하기 위하여 타인에 대한 배려도 없이 오로지 자신의 권위만을 내세워 의사소통을 했으며 그 결과, 동료들과의 관계가 극단적으로 치닫게 된 것을 알 수 있다.

2 효과적인 의사소통 방법

의사소통을 저해하는 요인들에 대해 알아봤으니, 이제 의사소통을 효과적으로 하는 방법에는 어떤 것들이 있는지 자세히 살펴보도록 하자.

1) 효과적인 언어 표현

상대방의 입장과 상황을 이해하고, 구체적이며 명확하게 표현해야 한다. 또한 상대방이 받아들이기에 거부감이 없는 단어를 사용해야 하고, 언어적 메시지와 비언어적 메시지를 일치시켜야 한다.

2) 경청

상대방이 말하는 내용을 제대로 듣는 자세를 취해야 한다. 또한, 상대방의 언어적 메시지와 비언어적 메시지에 집중하고, 내가 메시지를 제대로 이해하고 있는지 확인해야 한다.

3) 자기 개방

자신에 대한 정보를 상대방과 공유해야 한다. 적절한 자기 개방은 상대방의 경계심을 풀게 만들고, 상대방 또한 자신의 정보를 공유할 수 있도록 만든다.

4) 자기 주장적 표현

자신의 감정, 요구, 의도, 생각을 솔직하게 표현하면서도 타인을 상처주거나 타인의 권리를 침해하지 않도록 주의한다.

자기 주장적 표현을 원활히 하기 위해서는 '너-메시지'보다는 '나-메시지'로 전달하는 것이 효과적이다. '너-메시지'는 경우에 따라서 공격적으로 느껴져 상대방으로 하여금 반감을 갖게 하거나 방어하게 만들 수 있다.

| 표 1-3 | '너-메시지'와 '나-메시지' 비교

구분	너-메시지(You-Message)	나-메시지(I-Message)
주어	너	나
표현	너는 ∼하다.	나는 ∼하다.
예시	• 너희들 일처리가 왜 이리 늦어? • 너는 매일 왜 이리 늦어?	• 너희들의 일처리가 늦어지니 나는 걱정이 된다. • 네가 매일 늦으니 나는 네게 안 좋은 일이 생길까봐 걱정된다.

| 표 1-4 | '나-메시지' 구성

나-메시지 = 행동 + 영향 + 감정
• 행동: 상대방이 나에게 미친 행동과 상황에 대해 비난과 비판을 담지 않고 객관적인 사실만을 이야기 함 • 감정: 상대방의 행동이 나에게 미친 영향을 구체적으로 표현 • 영향: 영향으로 인한 감정을 솔직히 표현

다음의 표를 통해 '나-메시지'에 대한 연습을 하자.

| 표 1-5 | '나-메시지' 표현 예시

너-메시지	나-메시지
뭐해? 너 내 말 듣고는 있니?	내 말을 듣고 있는 것 같지 않아 기분이 좋지 않다.
자네들은 왜 이렇게 일을 빨리 끝내지 못해?	일찍 귀가시켜야 하는데 일이 자꾸 늦어져 걱정이네.
자기가 연락도 없이 늦어서 우리 기념일 다 망쳤어.	자기가 연락도 없이 늦게 들어와 우리 기념일을 그냥 보내려니 마음이 아파.
당신 왜 그렇게 이기적이야? 도대체 집안일을 같이 할 생각은 있는 거야?	당신이 나를 좀 도와주면 좋겠어. 같이 하면 빨리 끝날 것 같지 않아?
나잇값을 좀 해라.	네가 그런 일을 제대로 처리 못하고 실수를 하니 앞으로 더 힘든 일도 제대로 처리하지 못하고 그르치게 될 것 같아 걱정된다.

업무 시간에 왜 그리 떠들어?	업무 시간에 그렇게 잡담을 하니 일이 늦어질까 걱정이네.
오늘까지 해야 한다는 말 왜 안 했어?	오늘까지란 말은 듣지 못했어. 확실히 얘기해 주었더라면 더 좋았을 텐데.
아무리 말해도 소용없어. 너는 전혀 듣질 않잖아.	내 말에 조금만 관심을 기울여 준다면 무척 기쁠 텐데.
자꾸 딴 말하지 마. 내가 얘기하는 중이잖아.	당신 때문에 내 말이 자꾸 끊어지네요. 당신도 하고 싶은 얘기가 있겠지만 우선 내 이야기를 마저 하고 당신 얘기를 하는 것이 좋겠어요.

우리는 '나-메시지'보다는 '너-메시지'에 익숙하다. 아무래도 '너-메시지'가 표현하기 쉽고 순간적으로 사용할 수 있기 때문이다.

형식(행동+감정+영향)에 얽매이기보다는 타인에게 상처를 주거나 타인의 권리를 침해하지 않고 자기 주장적 표현을 해야 한다는 점을 명심하도록 하자.

사례연구

도대체 뭐가 불만인데?

우리 부서에는 두 명의 팀장님이 계시다. 바로 S팀장님과 Y팀장님이다. S팀장님은 성격이 깐깐한 편이고, 업무 스타일도 굉장히 꼼꼼한 편이어서 S팀장님네 팀원들은 업무적으로 스트레스를 많이 받는다.

하지만 S팀장님은 팀원들이 결재할 서류들을 올리면 전부 읽어보고, 해당 직원에게 그에 대한 피드백을 적절하게 해 주시기 때문에 배울 점이 많다. 그런 S팀장님의 업무 스타일 때문인지 S팀장님네 팀원들은 대부분 회사에서 승승장구하고, 진급도 빠른 편이다.

Y팀장님은 굉장히 인간적인 분이다. 직원들에게 싫은 소리를 한마디도 하지 않으시고, 팀원이 결재 서류를 잘못 올려도 화를 내시기는 커녕 그 팀원과 결재 서류를 함께 고치시는 편이다. 회식도 자주 하시는 편이고, 늘 유쾌한 분이시기도 하다. 그래서인지 회사의 대다수 직원들이 Y팀장님을 좋아한다.

이따금 직원들은 삼삼오오 모여 S팀장님과 Y팀장님을 비교하곤 하는데, 그때마다 의견이 갈린다. 따뜻한 성품은 아니지만 업무를 잘 배울 수 있어서 S팀장님이 좋다는 직원도 있고, 인간적 대우를 해주는 Y팀장님이 좋다는 직원도 있는 것이다.

그렇지만 나는 개인적으로 의사소통 방식에 있어서는 S팀장님보다 Y팀장님이 더 좋다.
두 팀장님은 의사소통 방식에서 차이가 있다. S팀장님은 어떤 문제에 관해 부하 직원과 이야기를 할 때 일방적으로 말하고, 그에 대한 부하 직원의 해명을 듣지 않으신다. 하지만 Y팀장님은 같은 상황에서 부하 직원을 불러 조용히 잘 타이르시며 고쳐가야 할 점을 말하신다.

매년 S팀장님네 팀원들 중 한두 명은 퇴사를 한다. 나는 혹시 이것이 S팀장님의 의사소통 방식 때문은 아닐지 조심스럽게 추측해 본다.

교육적 시사점

- S팀장은 부하 직원들과 적절한 의사소통을 이루지 못해 부하 직원들이 그만 두는 극단적인 결과를 초래하였다.
- 의사소통을 가로막는 저해 요인이 팀에 영향을 미칠 뿐만 아니라 업무에도 치명적인 영향을 미칠 수 있음을 알고, 저해 요인을 제거하여 효과적인 의사소통을 하도록 노력하여야 한다.

탐구활동

1. 키슬러의 대인관계 의사소통 양식지[3]로 대인관계 의사소통 스타일을 알아보자.

1) 다음에 제시된 키슬러의 대인관계 의사소통 양식지에 체크하여 자신의 대인관계 의사소통 스타일을 알아보자.

전혀 그렇지 않다		약간 그렇다		상당히 그렇다		매우 그렇다	
1		2		3		4	

문항		1	2	3	4	문항		1	2	3	4
1	자신감이 있다.					21	온순하다.				
2	꾀가 많다.					22	단순하다.				
3	강인하다.					23	관대하다.				
4	쾌활하지 않다.					24	열성적이다.				
5	마음이 약하다.					25	지배적이다.				
6	다툼을 피한다.					26	치밀하다.				
7	인정이 많다.					27	무뚝뚝하다.				
8	명랑하다.					28	고립되어 있다.				
9	추진력이 있다.					29	조심성이 많다.				
10	자기자랑을 잘한다.					30	겸손하다.				
11	냉철하다.					31	부드럽다.				
12	붙임성이 없다.					32	사교적이다.				
13	수줍음이 있다.					33	자기주장이 강하다.				
14	고분고분하다.					34	계산적이다.				
15	다정다감하다.					35	따뜻함이 부족하다.				
16	붙임성이 있다.					36	재치가 부족하다.				
17	고집이 세다.					37	추진력이 부족하다.				
18	자존심이 강하다.					38	솔직하다.				
19	독하다.					39	친절하다.				
20	비사교적이다.					40	활달하다.				

2) 각 유형별로 점수(1에서 4순으로 1~4점)를 구하여 총합을 작성해 보자.

유형	총합	유형	총합
지배형 (1, 9, 17, 25, 33)		실리형 (2, 10, 18, 26, 34)	
냉담형 (3, 11, 19, 27, 35)		고립형 (4, 12, 20, 28, 36)	
복종형 (5, 13, 21, 29, 37)		순박형 (6, 14, 22, 30, 38)	
친화형 (7, 15, 23, 31, 39)		사교형 (8, 16, 24, 32, 40)	

---

3) 출처: 한국산업인력공단 직업기초능력 의사소통능력 학습자용 워크북 pp.27~28 부분 발췌, 국가직무능력표준 홈페이지 (http://www.ncs.go.kr)

3) 다음 점수판에 각 영역의 총합을 표시하고, 그것을 연결하여 팔각형을 만들어 보자 (특정 방향으로 기울어진 형태일수록 그 방향의 대인관계 의사소통 양식이 강하다고 해석하면 된다).

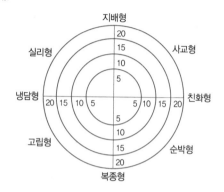

2. 다음 상황에 맞게 '나–메시지'를 작성해 보자.

1) 친구가 약속 시간에 늦게 와서 화가 났다. 이번이 벌써 세 번째이다.

　① 행동: _____

　② 영향: _____

　③ 감정: _____

　나–메시지: _____

2) 비밀을 지키기로 약속한 친구가 비밀을 다른 사람에게 말하고 다녔다.

　① 행동: _____

　② 영향: _____

　③ 감정: _____

　나–메시지: _____

3) 업무 시간에 놀기만 하던 동료 때문에 결국 야근을 하게 되었다.

　① 행동: _____

　② 영향: _____

　③ 감정: _____

　나–메시지: _____

3. 【사례연구】를 읽고 자신이라면 실수를 한 부하 직원에게 어떻게 이야기할 것인지 작성해 보자.

학습평가

정답 및 해설 p.218

※ ( ) 안에 알맞은 말을 채워 넣으시오. (1~5)

1 원활한 의사소통을 저해하는 요인 중 ( ) 요인으로는 판단 기준, 가치관, 선입견, 지식, 경험, 상대방에 대한 감정(호의 또는 악의) 등이 있다.

2 원활한 의사소통을 저해하는 요인 중 ( ) 요인으로는 다언어를 사용하는 다민족 국가, 방언, 전문 용어, 은어 등이 있다.

3 원활한 의사소통을 저해하는 요인 중 ( ) 요인으로는 조직의 성격, 규모, 조직 전문화로 발생한 분화에 의한 거리감 등이 있다.

4 ( )을/를 원활히 하기 위해서는 '너-메시지'보다는 '( )'(으)로 전달하는 것이 효과적이다. '( )'은/는 경우에 따라서 공격적으로 느껴져 상대방으로 하여금 반감을 갖게 하거나 방어하게 만들 수 있다.

5 [나-메시지 = 행동 + 영향 + 감정]

• 행동: 상대방이 나에게 미친 행동과 상황에 대해 비난과 비판을 담지 않고 객관적인 ( )만을 이야기

• 감정: 상대방의 행동이 나에게 미친 영향을 ( )(으)로 표현

• 영향: 영향으로 인한 감정을 솔직히 표현

장비의 죽음

나관중의 소설 《삼국지》에는 '유비', '관우'란 인물과 함께 '장비'란 인물이 등장한다. 장비의 자는 '익덕'이며, 유비와 동향으로 탁현 출신이다.

장비는 유비, 관우와 함께 의형제를 맺어 평생 그 의를 저버리지 않았으며, 후한 말 동란기 전쟁에서 용맹을 떨쳤다.

《삼국지》를 읽어보면 장비는 성격이 불같고 술을 좋아하며, 의형제였던 유비와 관우, 책사였던 제갈공명의 말을 제외하고는 타인의 말을 잘 듣지 않는 인물이다. 하지만 한편으로는 용맹하여 싸움을 잘하는 인물로도 묘사되어 있는데, 소설 속에서 조조의 군사인 순욱은 장비를 일컬어 무용과 용맹이 대단하여 관우와 함께 만인지적이라고 평가하기도 한다.

《삼국지》에서 장비는 관우와 함께 '호로관 전투'에서 여포를 상대하면서 명성을 떨치게 되며, 후에 '장판파 전투'에서 믿기 어려운 일화를 남기게 된다. 장비가 후퇴하는 유비군의 후미를 담당하며, 홀로 장판교에서 조조의 백만 대군을 상대한 것이다. 혈혈단신의 몸에도 당당한 풍채로 호령을 하는 장비의 모습에 조조의 백만 대군은 돌진하지 못했으며, 이때 조조군의 장수이자 적장이었던 하후걸은 장비의 호통에 놀라 낙마하여 죽음을 맞이하게 된다.

세월이 흘러 손권이 황제로 있던 오나라로 인해 관우가 죽음을 맞이하게 되자, 장비는 형의 복수를 위해 오나라를 칠 계획을 세운다. 장비는 자신의 휘하에 있던 범강과 장달에게 사흘 내로 오나라와의 전투 때 전 군사들이 사용할 흰 갑옷과 흰 깃발을 준비할 것을 지시한다. 이는 관우를 추모하는 마음을 담기 위함이었다. 하지만 범강과 장달은 장비에게 수만 명의 군사가 사용할 물품을 사흘 안에 준비하는 것은 매우 힘든 일이라며 어려움을 토로한다. 이에 화가 난 장비는 범강과 장달을 나무에 매달아 채찍을 휘두른 후 반드시 사흘 안에 물품을 준비할 것을 요구하며, 그렇지 못할 경우 목을 베겠다고 엄포를 놓는다.

죽음이 두려워진 범강과 장달은 결국 장비를 죽이기로 모의하고, 술을 좋아하는 장비가 취하기만을 기다린다. 얼마 후 장비는 거하게 술을 마시다 깊은 잠에 빠지게 되고, 그 사이 범강과 장달은 장비를 칼로 찌른다. 결국 천하에 용맹함으로 이름을 떨치던 장비는 55세의 나이에 이처럼 허망하게 죽음을 맞이하게 된다.

장비가 조금이라도 타인의 말에, 부하의 말에 귀를 기울였다면, 그리고 현명한 판단을 하였다면 이와 같은 억울한 죽음은 당하지 않았을 것이다.

학/습/정/리

1. 의사소통이란 '상호 공통점을 나누어 갖는다'라는 말로, 말하는 사람과 듣는 사람 사이에서 이루어진다.

2. 의사소통 과정은 송신자, 수신자, 피드백, 메시지라는 네 가지 요소가 상호 작용하게 된다. 말하는 사람은 상대방에게 전달하고자 하는 내용을 메시지로 구성하여 전달하고, 듣는 사람은 상대방의 메시지를 자신의 성격, 가치관, 문화 등을 바탕으로 해석한 후, 피드백을 하게 된다.

3. 일반적으로 조직에서 이루어지는 의사소통은 채널(수직적·수평적 채널)과 내용(공식적·비공식적 내용)을 기준으로 구분하며, 다음과 같이 분류할 수 있다.

   1) 수직적·공식적 의사소통

   2) 수직적·비공식적 의사소통

   3) 수평적·공식적 의사소통

   4) 수평적·비공식적 의사소통

4. 비언어적 의사소통은 언어적 의사소통만으로 표현하기 어려운 복잡하고 미묘한 감정이나 태도를 전하는 데 유용하다. 직장에서 프레젠테이션이나 업무에 관한 보고를 할 때도 몸짓 언어(보디랭귀지)에 대해 많은 주의를 기울여야 한다.

5. 바람직한 의사소통을 위해서는 이를 저해하는 요인을 제거해야 하며, 저해 요인은 다음과 같다.

   1) 인간적 요인

   2) 조직 구조적 요인

   3) 사회문화적 요인

6. 효과적인 의사소통을 하기 위해서는 명확하고 구체적으로 표현해야 하며, 상대방의 말에 경청하는 자세를 취하여야 하고, 자신에 대한 정보를 개방하여 상대방과 공유해야 한다. 마지막으로 상대방에게 상처를 주거나 권리를 침해하지 않도록 주의하며, 자기 주장을 표현해야 한다.

7. 의사소통능력은 기획서, 보고서, 이메일 등 문서를 읽고 이해하는 문서이해능력, 자신의 생각을 문서로 정확히 표현하는 문서작성능력, 전달하고자 하는 내용을 상대방에게 전달하는 의사표현능력, 상호 의사를 표현하고 상대방에게 공감하는 경청능력, 자신의 업무 상황에서 기초외국어로 업무를 수행할 수 있는 기초외국어능력으로 이루어진다.

NCS
직업기초능력평가

의사
소통
능력

Chapter

02

문서이해능력

제❷장
문서이해능력

제1절 문서이해의 개념
제2절 정보의 수집과 정리

▶ 학습목표

구분	학습목표
일반목표	직장생활에서 필요한 문서를 확인하고, 읽고, 내용을 이해하여 업무 수행에 필요한 요점을 파악하는 능력을 기를 수 있다.
세부목표	1. 문서이해능력의 의미와 중요성을 설명할 수 있다. 2. 다양한 문서의 종류와 양식을 설명할 수 있다. 3. 문서이해의 구체적인 절차를 말할 수 있다.

▶ 주요 용어 정리

문서이해

문서이해는 직업 현장에서 자신의 업무와 관련된 인쇄물이나 기호화된 정보 등 필요한 문서를 확인하여 읽고, 내용을 이해하여 요점을 파악하는 것이다.

문서의 종류

문서의 종류는 용도에 따라 다양하며, 공문서, 기획서, 기안서, 보고서, 설명서, 보도 자료, 자기소개서, 비즈니스 레터, 비즈니스 메모 등이 있다.

정보 획득

주어진 문서나 자료에 수록된 정보를 확인하여 유용한 정보를 구분하고 비교하여 통합하는 것을 의미한다.

제1절 문서이해의 개념

문서는 언어적 의사소통의 한 유형이다. 언어적 의사소통의 다른 유형들과 마찬가지로 문서 또한 의사소통의 과정을 거치게 된다. 메시지는 글로 전달되고 그에 대한 피드백은 언어로 이루어진다. 수신자가 문서에서 전달하는 메시지를 제대로 파악하지 못할 경우, 직장에서는 수많은 문제가 발생하게 된다.

"Read between the lines."라는 말이 있다. 《삼국지》「위지 왕숙전」에서는 동우가 문하 제자로 들어오기 희망하는 사람들에게 "독서백편 의자현(讀書百遍 義自見)."이라는 말을 한다. "Read between the lines."는 "행간을 읽어라, 즉 숨은 의미를 찾아내라."라는 말이며 "독서백편 의자현."은 "책을 백 번 읽으면 그 뜻이 스스로 보인다."라는 뜻이다. '행간을 읽어 숨은 뜻을 찾아내고, 몇 번이고 읽어 이해하라'는 의미의 이 두 말이 결국 문서이해의 가장 핵심이라 생각한다.
문서를 이해하지 못하는 것은 문제가 되지 않는다. 모르면 몇 번이고 읽어 보거나 다른 사람에게 물어보면 해결된다. 하지만 가장 위험한 것은 제대로 이해하지 못한 상황에서 오히려 아는 척을 하다가 올바르게 조치하지 못하는 것이다.

문서를 이해하기 위해서는 문서에는 어떤 종류가 있으며, 직업기초능력에서 요구하는 문서이해능력이란 어떤 의미이고, 문서를 이해하는 절차에 무엇이 있는지를 알아 둘 필요가 있다.

■1 문서의 종류[4]

우리가 접하는 모든 장소에는 다양한 문서가 존재한다. 본 책에서는 모든 문서를 모두 파악하기보다는 직장에서 접하게 되는 문서를 중심으로 살펴보도록 하자.

---

4) 출처: 한국산업인력공단 직업기초능력 의사소통능력 학습자용 워크북 pp.48~49, 국가직무능력표준 홈페이지(http://www.ncs.go.kr)

1) 공문서

공공기관이나 단체에서 대내외적인 공무를 집행하기 위하여 공식으로 작성한 문서로 엄격한 규격과 양식에 따라 작성되며, 최종 결재권자의 결재가 있어야 문서로써의 기능이 성립된다.

2) 기획서

기업에서 일어날 수 있는 다양한 일들에 대해 구체적으로 계획을 수립하여 제출하는 문서로 상대방에게 기획의 내용을 전달하고 설득한다.

3) 기안서

기업 활동 중 어떤 사항의 문제해결을 위해 해결 방안을 작성하여 결재권자에게 의사결정을 요청하는 문서로 예산의 지출을 동반하는 안건의 승인을 구하는 품의서, 새로운 방향이나 안건을 제시하는 제안서 등이 있다.

4) 보고서

일에 관한 현황이나 그 진행 상황 또는 연구·검토 결과 등을 보고하고자 할 때 작성하는 문서이다. 보고서의 종류로는 다음과 같은 것들이 있다.

- **영업 보고서**: 재무제표와 달리 영업 상황을 문장 형식으로 기재해 보고하는 문서
- **결산 보고서**: 진행됐던 사안의 수입과 지출 결과를 보고하는 문서
- **일일 업무 보고서**: 매일의 업무를 보고하는 문서
- **주간 업무 보고서**: 한 주간에 진행된 업무를 보고하는 문서
- **출장 보고서**: 회사 업무로 출장을 다녀와 외부 업무나 그 결과를 보고하는 문서
- **회의 보고서**: 회의 결과를 정리해 보고하는 문서

5) 설명서

대개 상품의 특성이나 사물의 성질과 가치, 작동 방법이나 과정을 소비자에게 설명하는 것을 목적으로 작성한 문서이다. 설명서는 다음의 종류로 나눌 수

있다.

- **상품 소개서**: 일반인들이 친근하게 읽고 내용을 쉽게 이해하도록 하는 문서. 소비자에게 상품의 특징을 잘 전달해 상품을 구입하도록 유도하는 것이 궁극적 목적
- **제품 설명서**: 제품의 특징과 활용도에 대해 세부적으로 언급하는 문서. 제품 구입도 유도하지만 제품의 사용법에 대해 더 자세히 알려 주는 데 주목적

6) 보도 자료

정부 기관이나 기업체, 각종 단체 등이 언론을 상대로 자신들의 정보가 기사로 보도되도록 하기 위해 보내는 자료이다.

7) 비즈니스 레터

사업상의 이유로 고객이나 단체에 편지나 이메일 등을 쓰는 것이다. 비즈니스 레터는 직장 업무나 개인 간의 연락, 직접 방문하기 어려운 고객관리 등을 위해 사용되는 비공식적 문서이지만, 제안서나 보고서 등 공식적인 문서를 전달하는 데도 사용된다.

8) 비즈니스 메모

업무상 필요한 중요한 일이나 앞으로 체크해야 할 일이 있을 때 필요한 내용을 메모 형식으로 작성하여 전달하는 글이다. 메모의 종류는 다음과 같다.

- **전화 메모**: 업무적인 내용이나 개인적인 전화의 전달 사항 등을 간단히 작성하여 당사자에게 전달하는 메모로, 휴대폰의 발달로 현저히 줄어듦
- **회의 메모**: 회의에 참석하지 못한 상사나 동료에게 전달 사항이나 회의 내용을 간략하게 적어 전달하거나, 회의 내용 자체를 기록이나 참고 자료로 남기기 위해 작성한 메모로써 월말이나 연말에 업무 상황을 파악하거나 업무 추진에 대한 궁금증이 있을 때 핵심적인 자료 역할을 함
- **업무 메모**: 개인이 추진하는 업무나 상대의 업무 추진 상황을 적어 놓는 메모

9) 자기소개서

개인의 가정 환경과 성장 과정, 입사 동기와 근무 자세 등을 구체적으로 기술하여 자신을 소개하는 문서이다.

사례 ❶

고객의 마음을 잘 이해하는 것이죠

소규모 인테리어 사업을 하는 A씨의 작업장은 인테리어를 상담하러 오는 사람들로 북적댄다. 고객들은 직접 매장을 방문하여 상담을 전문으로 하는 직원과 오랜 시간을 들여 자신이 원하는 사항을 이야기하고, 상담 전문 직원은 그것을 토대로 인테리어 도면을 작성한다. 이에 대해 상담 전문 직원은 다음과 같이 이야기한다.

"고객들은 자신의 집에 맞는 인테리어를 하기 위해 많은 정보를 찾아 가지고 오세요. 그리고 저희에게 '우리 집에 이런 인테리어를 하면 좋겠다'는 말씀도 많이 하고요. 하지만 고객 분들은 집 전체를 생각하지 않고 한 부분만을 생각하기 때문에 원하는 대로 인테리어를 하면 마음에 들어 하지 않으세요.
그래서 저희는 우선 고객의 요구 사항을 파악한 후 일단 고객이 원하시는 내용대로 도면을 작성해요. 동시에 집 전체를 고려하여 저희가 작성한 다른 도면을 제시합니다. 대부분의 고객들은 저희가 제안한 도면을 더 마음에 들어 하세요. 물론 그 도면은 처음의 요구 사항에서 조금 변형이 된 것이죠."

앞의 사례를 보면 A씨의 가게에서 가장 중요한 능력은 고객의 요구 사항을 파악하여 문서로 현실화하는 능력이다. 그 다음에 디자인 능력과 창의성이 뒷받침되면 더할 나위 없을 것이다.

2 문서이해능력

직업기초능력에서는 문서이해능력을 "직업 현장에서 자신의 업무와 관련된 인쇄물이나 기호화된 정보 등 필요한 문서를 확인하여 문서를 읽고, 내용을 이해하여 요점을 파악하는 능력[5]"이라고 정의한다. 이를 간단하게 정리하면 "문서의 내용을 이해하고 요점을 파악하는 능력"이라고 할 수 있다.

문서에는 많은 정보가 포함되어 있다. 차고 넘치는 정보의 홍수 속에서 올바른 정보를 골라내고 업무에 필요한 정보를 수집하여 통합할 수 있는 능력이 있어야 하며, 또한 문서에 작성된 타인의 의견이나 주장을 이해하고 요약할 수 있는 능력이 있어야 한다.

예전에 필자에게 기획서 검토를 부탁한 직원이 있었다. 기획서를 읽다 보니 필자가 파악하고 있는 상황과 다른 것 같았다. 그래서 그 직원을 불러 물어보니 블로그나 카페에서 찾은 정보를 다듬어서 기획서를 작성했다는 답변을 내놓았다. 블로그나 카페에 게재되어 있는 정보가 모두 옳은 것은 아니다. 옳지 않은 정보를 토대로 기획서를 작성하고, 그대로 추진하면 어떤 결과가 발생할지는 뻔하다. 간혹 기획서를 작성할 때 수집할 정보가 너무 많아서 어떻게 정리해야 할지 모르겠다고 하소연하는 직원도 있다. 또 품의서에 작성된 규격과 다른 규격의 플래카드를 제작하여 문제가 된 직원도 있었다.

이렇듯 문서를 이해한다는 것은 ① 올바른 정보를 수집하고, ② 수집된 정보를 취합하고 통합하며, ③ 타인의 메시지를 이해하여 그에 맞는 올바른 행위를 하는 것을 내포하고 있다.
다음은 보이는 정보를 그대로 활용하게 되면 낭패를 겪게 된다는 것을 보여 주는 사례이다.

---

5) 출처: 한국산업인력공단 직업기초능력 의사소통능력 학습자용 워크북 p.44 부분 발췌, 국가직무능력표준 홈페이지(http://www.ncs.go.kr)

사례 ❷

그래프의 눈속임

다음은 2000년부터 2004년까지 A회사의 매출에 관한 자료이다.

주주 총회를 앞두고 있는 A회사는 언론을 통해 다음의 그래프를 발표하였다.

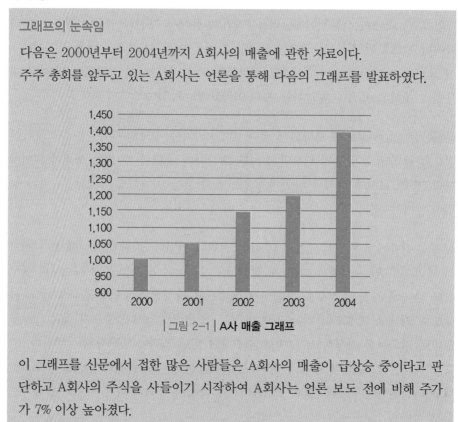

| 그림 2-1 | **A사 매출 그래프**

이 그래프를 신문에서 접한 많은 사람들은 A회사의 매출이 급상승 중이라고 판단하고 A회사의 주식을 사들이기 시작하여 A회사는 언론 보도 전에 비해 주가가 7% 이상 높아졌다.

사례에 제시된 그래프를 언뜻 보면 2004년 매출이 2000년에 비해 많이 상승했다고 믿을 수 있다. 하지만 이 그래프를 자세히 들여다 보자. 2000년 매출은 1,000억 원이고, 2004년 매출은 1,400억 원이다. 4년간 40%의 상승이니 그리 급상승 같지는 않다. y축을 보면 시작값이 0이 아닌 900이다. 그리고 y축 값은 50단위로 변한다. 그래프를 다시 그려 보자.

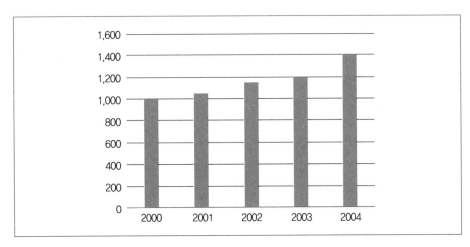

| 그림 2-2 | A사 매출 그래프 수정

그래프가 확 달라졌다. y축의 시작값을 0으로 바꾸고 단위값을 200으로 변경하니 2000년에 비해 2004년 매출이 급격히 늘어난 것처럼 보이지 않는다.
A기업은 잘못이 없다. 다만 눈속임을 했을 뿐이다. 눈속임을 간파하고 그것을 올바르게 판단하는 것은 결국 우리의 몫인 것이다.

대학원에 입학했을 때, 교수님이 해주신 말이 생각난다.

"여러분은 강의 시간에 많은 논문을 읽게 될 것이다. 하지만 여러분이 해야 할 것은 논문을 읽는 것이 아니라 논문을 읽고 무조건 한두 개라도 그 논문에 대해 비판하는 습관을 들이는 것이다. 그래야 여러분은 자신만의 연구를 할 수 있다."

당시 필자는 교수님이 하신 이 말씀을 잘 이해하지 못했다. 하지만 지금 생각해 보면 교수님은 다른 시각을 갖기를 원했던 것이고, 다른 시각을 가질 수 있는 방법을 알려 주신 거라는 생각이 든다.

3 문서이해의 절차

우리는 다양한 활동을 하면서 수많은 문서를 읽어야 한다. 하지만 문서를 빠르고 정확하게 이해하기 위해서는 문서를 이해하는 구체적인 절차에 따라 문서이해능력을 키우는 연습을 해야 한다.

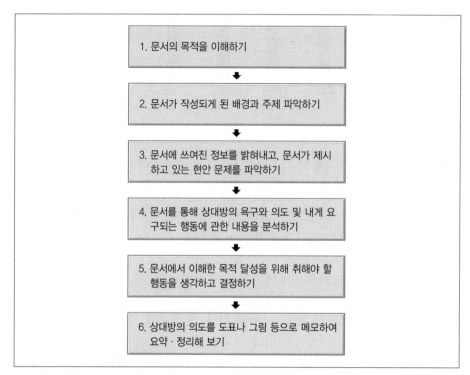

1. 문서의 목적을 이해하기

2. 문서가 작성되게 된 배경과 주제 파악하기

3. 문서에 쓰여진 정보를 밝혀내고, 문서가 제시하고 있는 현안 문제를 파악하기

4. 문서를 통해 상대방의 욕구와 의도 및 내게 요구되는 행동에 관한 내용을 분석하기

5. 문서에서 이해한 목적 달성을 위해 취해야 할 행동을 생각하고 결정하기

6. 상대방의 의도를 도표나 그림 등으로 메모하여 요약 · 정리해 보기

| 그림 2-3 | **문서이해의 구체적인 절차**[6]

직장에서는 많은 문서들이 오고 간다. 그 많은 문서들을 모두 다 이해하는 것은 정말 힘든 일이다. 주어진 모든 문서를 이해했다고 하더라도 그 내용을 모두 기억하기란 불가능하다. 따라서 문서에서 꼭 알아야 하는 중요한 내용만을 골라 필요한 정보를 획득하고, 수집하여 종합하는 능력이 절실하지만, 이러한 능력 또한 쉽게 얻어지는 것이 아니기 때문에 다양한 종류의 문서를 읽고, 구체적인 절차에 따라 이해하는 '문서이해능력'과 더불어 핵심적인 내용만 정리하는 '내용종합능력'을 키워 나가도록 해야 한다.

사례연구

임금이 높아 경쟁력이 하락한다

가끔씩 신문에 보면 자동차 노조의 파업이나 생산직 임금이 너무 올라 경쟁력이 떨어진다는 기사가 종종 등장한다.

금융감독원 전자공시시스템(http://dart.fss.or.kr)에 접속해서 모 회사의 2015년 반기 보고서를 찾아 보고, 그 중 임원 보수를 살펴 보았다. 등기 이사 4명의 평균 보수액이 9억 8,000만 원이다. 사외 이사 및 감사를 포함하면 1인당 평균 4억 5,000만 원을 연간 보수로 지급하고 있는 것이다.

대표 이사의 경우 연간 보수액이 24억 원이고 다른 이사는 6억 6,000만 원이었다. 9명의 임원이 연간 받은 보수는 총 40억 원이다. 이 회사의 정규직, 비정규직을 모두 합치면 65,673명이고 연간 급여 총액은 2조 3,000억 원이며, 1인당 평균 급여액은 3천 600만 원이다. 또한, 직원의 평균 근속년수는 17.5년이다. 평균값이기 때문에 17년 일해서 3,000만 원을 받는다는 것을 의미하지는 않는다.

임원과 직원의 1인당 연간 보수액은 4억 5,000만 원과 3천 600만 원으로 임원이 약 12배 더 높다. 여기서 우리가 놓치지 말아야 할 것이 주주 배당이다. 2014년, 이 회사는 주주 배당으로 총 8천 100억 원, 보통주 1주 당 3,000원을 배당하였다.

이 회사의 2014년도 당기순이익은 2조 원이 약간 넘는다. 급여 총액이 2조가 넘지만, 이 회사의 2014년도 매출은 43조 원으로 매출 대비 임금이 차지하는 비율은 약 5.3% 정도이다.

교육적 시사점

- 신문이나 방송에서 노동자의 임금이 너무 높아 경쟁력이 떨어지고 있다는 말이 자주 나온다. 이 사례는 단순 수치로만 계산한 것이기 때문에 옳지 않을 수 있다. 경영은 단순 수치로만 계산할 수 없음을 명심하자.
- 제3자에 의해 제공되는 자료를 의심 없이 받아들인다면 업무적으로 큰 낭패를 볼 수 있다. 항상 자료의 뒤에 숨어 있는 의미를 찾도록 노력해야 한다.

---

6) 출처: 한국산업인력공단 직업기초능력 의사소통능력 학습자용 워크북 p.53, 국가직무능력표준 홈페이지(http://www.ncs.go.kr)

탐구활동

【사례연구】를 읽고 주어진 문서를 제대로 이해하지 못했던 자신의 경험과 그 원인을 작성해 보자.

	주어진 문서를 제대로 이해하지 못한 자신의 경험	그 원인은?
1		
2		
3		
4		
5		
6		
7		

학습평가

정답 및 해설 p.218

1 다음 설명에 해당하는 것은? (   )

> 기업에서 일어날 수 있는 다양한 일들에 대해 구체적으로 계획을 수립하여
> 제출하는 문서로 상대방에게 기획의 내용을 전달하고 설득한다.

2 (   ) 안에 알맞은 말을 채워 넣으시오.

> (   )은/는 기업 활동 중 어떤 사항의 문제해결을 위해 해결 방안을 작성
> 하여 결재권자에게 의사결정을 요청하는 문서로, 예산의 지출을 동반하는
> 안건의 승인을 구하는 품의서, 새로운 방향이나 안건을 제시하는 제안서
> 등이 있다.

3 다음은 문서이해의 구체적인 절차를 나타낸 표이다. ①~③에 알맞은 말을 채워
   넣으시오.

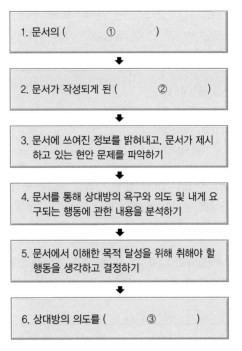

1. 문서의 (①   )

2. 문서가 작성되게 된 (②   )

3. 문서에 쓰여진 정보를 밝혀내고, 문서가 제시
   하고 있는 현안 문제를 파악하기

4. 문서를 통해 상대방의 욕구와 의도 및 내게 요
   구되는 행동에 관한 내용을 분석하기

5. 문서에서 이해한 목적 달성을 위해 취해야 할
   행동을 생각하고 결정하기

6. 상대방의 의도를 (③   )

Tip

정보로 승리를 이끈 을지문덕 장군

고구려 영양왕 23년, 4세기 이후 분열을 거듭하던 중국을 수나라가 통일한 후 고구려와 수나라는 외교사절을 파견하는 등 표면적으로 평화적인 관계를 유지하고자 하였다. 하지만 고구려의 영향권이었던 거란, 말갈 등에까지 수의 세력이 뻗쳐옴에 따라 요서 방면으로 진출을 노리는 고구려와 충돌을 빚게 되었다. 영양왕 9년, 고구려의 요서 공격과 수륙 양로를 통한 수나라의 반격은 양국의 대립을 심화시켰다.

수나라의 1차 침공 이후 양국은 평화를 유지하는 듯하였으나, 요하 지역을 둘러싼 양국의 이해관계는 여전히 대립하였고, 수나라는 군수물자 수송을 위하여 대운하를 파며 고구려 침략 준비를 하였다.

결국 612년 수나라는 2차 공격을 개시하였다. 당시 동원된 병력은 113만. 고구려의 저항에도 불구하고 수의 군대는 요동성을 포위, 공격하였으나 고구려의 완강한 저항으로 지구전으로 돌입하게 되었다. 수양제는 우중문, 우문술로 하여금 30만 5,000명의 별동대를 편성하여 압록강을 건너 평양성으로 직공해 대세를 결정지으려 하였다.

이때 을지문덕 장군은 수나라 군대의 동태를 파악하기 위하여 거짓으로 항복을 했다. 을지문덕 장군은 먼 거리를 달려온 수나라 군사들에게서 피곤한 기색을 느꼈으며, 병사들이 지급받은 개인 장비 및 군수품이 과중해 중도에서 몰래 버려 물자가 부족하다는 사실을 파악하였다. 적진을 탈출한 을지문덕 장군은 게릴라전을 펼쳐 조금씩 뒤로 물러나 수나라 군대를 지치게 만들며 적의 보급로와 후군로를 철저히 봉쇄하였다.

계속되는 승리에 취해 있던 수나라 군대는 평양성 30리 밖까지 진군하였다. 이때 을지문덕 장군이 시 한 수를 우중문에게 보냈다.

　"신기한 계책은 천문을 꿰뚫어 볼 만하고,
　　오묘한 전술은 땅의 이치를 모조리 알도다.
　　전쟁에 이겨서 공이 이미 높아졌으니,
　　만족을 알거든 그만두기를 바라노라."

이를 읽은 우중문은 을지문덕의 계책에 걸려들었음을 깨닫고 퇴각하였으나, 고구려군은 살수를 건너는 수의 군대를 공격하여 섬멸하였다. 30만의 별동대 중 살아 돌아간 자가 3,000명도 되지 않을 정도로 고구려군은 큰 승리를 거두었다.

《삼국사기》를 지은 김부식조차도 "고구려가 수나라를 물리칠 수 있었던 것은 을지문덕 한 사람의 힘이다."라고 할 정도로 을지문덕 장군은 승리를 위하여 정보를 수집하고 이용할 줄 알았던 것이다.

제2절 정보의 수집과 정리

현대 사회에서 정보는 언제 어디서나 쉽게 찾을 수 있고 구할 수 있다. 예를 들어 검색 사이트에서 검색만 해도 수많은 검색 결과가 나타난다. 하지만 유용한 정보라고 하더라도 그것이 정보인지 깨닫지 못하면 아무런 가치가 없다. 따라서 정보를 수집하기 전에 먼저 정보를 보는 눈이 있어야 한다.

정보의 처리에 관한 자세한 내용은 직업기초능력 중 정보능력을 참고하도록 하고, 여기서는 정보를 어디서, 어떻게 수집하고, 수집된 정보는 어떻게 요약하여 정리하는지에 대해 살펴보자.

1 정보의 수집

자신에게 어떤 과제가 주어졌다고 생각해 보자. 먼저 할 일은 과제에 대해 한 번 더 생각해 보고, 어떻게 과제를 풀어갈 것인가를 연구하는 일일 것이다. 그리고 그 다음에는 관련 자료를 찾기 위해서 인터넷 검색을 한다든지 도서관에 가는 일일 것이다.

인터넷으로 검색하기 위해 컴퓨터 앞에 앉아서 뭘 해야 할지 당황스러웠던 경험들이 한 번씩 있을 것이다. 검색어를 어떻게 입력해야 하는지, 이 많은 검색 결과들을 다 읽어봐야 하는지 등 여러 생각이 들겠지만, 정보의 수집은 기관 단총으로 무분별하게 난사하는 것처럼 마구 살피지 말고, 하나하나 정확히 절차에 따라야 한다.

예를 들어 경험이 많은 의사들은 환자가 방문하면, 초기 문진으로 병의 원인을 파악하여 가설을 세운다. 그 이후 혈액 검사, CT 촬영 등 검사를 통해 가설을 검증하고, 데이터로 상황을 설명하며 위험성 여부 및 고가의 투약 등에 관해 환자를 이해시킨다. 반면 경험이 적은 의사들은 초기 문진을 통해 가설을 세우지 못한 채 즉흥적 검사를 남발함으로써 많은 비용을 발생하게 하고, 제대로 원인을 찾아내지 못하여 환자의 불신감만 증폭시킨다.

정보는 무작정 수집하는 것이 아니다. 경험이 많은 의사처럼 가설을 먼저 세우고, 이후 가설에 맞는 정보를 수집하여 가설을 검증해야 하는 것이다.

정보는 가설이 맞는지 틀리는지를 검증하는 수단이다. 정보를 수집하여 분석한 결과, 가설이 틀렸다는 것이 밝혀지면, 또 다른 가설을 세우고 그에 해당하는 정보를 수집하면 된다. 초기에 가설을 세우지 않았다면, 가설을 위한 가설을 세우고 정보를 찾아 가설을 세우면 된다.

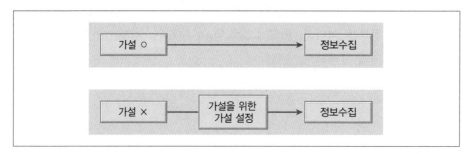

| 그림 2-4 | 가설과 정보수집의 관계

가설을 세우게 되면 정보수집에 많은 시간을 낭비하지 않게 된다. 환경이 급변함에 따라 방대한 양의 정보를 수집하다보면 분석에 많은 시간이 걸리며, 설령 분석이 끝났다고 하더라도 상황이 이미 변해버려 필요 없게 될 수도 있다. 또한, 정보의 양이 많아지면 오히려 사고에 방해가 된다.
가설이 틀릴까봐 또는 가설을 제대로 세우지 않았다고 두려워하지 말고 주어진 정보를 분석하여 가설을 세우고 정보를 수집하여 가설을 검증하는 연습을 하도록 하자.

정보수집은 일상적인 정보수집, 목적에 따른 정보수집, 필요에 따른 정보수집으로 구분할 수 있다. 일상적인 정보수집은 기본 정보로써 기획의 내용을 작성하기 위하여 사용된다. 목적에 따른 정보수집은 보강 정보로써 기획의 본문에 사용된다. 마지막으로 필요에 따른 정보수집은 보조 정보로써 기획의 내용을 뒷받침해주는 별첨으로 사용된다.

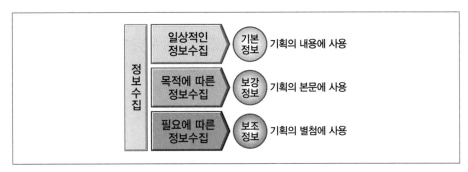

| 그림 2-5 | **정보수집과 정보의 유형**

일반적으로 정보수집의 프로라고 하는 사람들은 다양한 정보수집 경로를 알고 있으며, 정보가 정기적으로 들어오도록 구조화하고 있고, 독자적인 인적 네트워크를 활용한다.

즉, 기본적으로 많은 신문을 읽어야 하고, 연구 자료와 통계 자료가 많은 곳, 그리고 정부에서 정보를 제공하는 곳 등을 반드시 알아 두어야 한다.

2 정보의 정리

수집한 정보는 정리하여 나만의 데이터베이스로 만들어야 한다. 정보를 정리하기 위해 또는 문서를 정리하기 위해 가장 많이 사용하는 방법이 바로 5W2H이다.

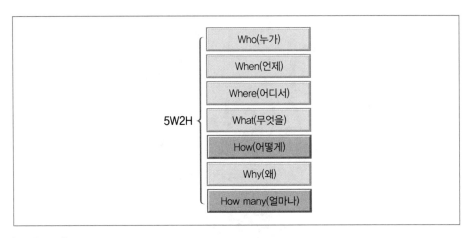

| 그림 2-6 | **5W2H**

5W2H는 학창 시절에 배운 육하원칙에 마지막 'How many'가 추가된 것이라고 생각하면 된다. 수집하는 모든 정보와 문서를 이 원칙에 맞게 정리하여 자기만의 데이터베이스를 만들어 놓고, 필요할 때마다 바로바로 사용할 수 있다면 직장에서 주목을 받게 될 것이다.

사례

수치를 외워야 한다

가끔 사람들을 만나다 보면 깜짝깜짝 놀랄 때가 있다. 머릿속에 컴퓨터가 들었는지 무슨 이야기만 나오면 관련된 수치를 바로바로 말하는 사람들이 있는 것이다. 이들은 자신이 몸담고 있는 회사에서 중요하다고 생각되는 수치라면, 비록 구체적인 숫자까지는 아니더라도 대략적인 수치는 외운다. 수치를 외우는 것과 그렇지 않은 것에는 많은 차이가 있다.

예를 들어 회의 도중 "그 게임은 일일 접속자가 500,000명 정도이므로 광고의 효과가 분명히 있을 것이다."라는 것과 "일일 접속자 수가 많을 거야. 주위에서 보니 사람들 많이 하던데, 그러니 그 게임에 광고를 해도 좋지 않을까?"는 와닿는 정도가 다르다. 전자는 전문성이 느껴지지만, 후자의 경우 전문성을 느낄 수 없는 것이다.

즉, 자신이 속해 있는 조직과 관련된 수치, 회사가 새로이 하려고 하는 분야에서 중요하다 생각되는 수치들은 머릿속에 넣어 두는 것이 좋다.

정보는 많이 수집할수록 좋다. 그러나 정보를 요약하여 나만의 데이터베이스로 만드는 것은 이보다 더욱 바람직한 행동이다. 하지만 데이터베이스는 만들어 놓는 것으로 끝나는 것이 아니다. 지속적으로 수정하고 보완해 주어야 한다. 업데이트되지 않은 정보는 죽은 정보나 마찬가지이다. 정보를 수집하는 것도 중요하지만, 정보를 업데이트해 주는 것도 중요하다는 사실을 반드시 명심하자.

사례연구

물건은 못 버려도 쓸모없는 정보는 버릴 수 있다

우리는 늘 방대한 정보와 전투를 하고 있다. 매일 아침 텔레비전 뉴스를 보고 신문도 읽는다. 어제 무슨 일이 일어났는지, 세상 돌아가는 일(경제, 사회 등)을 모르면 회사에서도 상식을 의심받게 될 수 있다. 고객과의 대화도 어려워진다. 그렇기에 아침 식사를 거르는 한이 있어도 신문만큼은 읽고 출근한다는 직장인들이 많다. 하지만 뉴스만이 정보는 아니다. 출근하면 동종 업계지나 잡지도 읽고 현재 무슨 일이 진행되는지에 대한 정보를 알려고 애쓴다.

IT혁명이 진행되고 있는 오늘날에는 모든 직종에서 인터넷과 컴퓨터를 빼놓을 수 없게 되었고 업무 평가도 속도로 결정된다. 정보를 미련 없이 활용하지 않으면 업무가 뜻대로 진행되지 않는다. 하지만 밀려오는 정보량은 점점 늘어만 간다. 쌓이는 이메일, 회의에 쓸 기획 자료, 시장 조사 리포트, 회사의 업무 보고서 등 좌우를 둘러봐도 정보 투성이다. 정보는 입수한 시점에서는 그 가치가 결정되지 않는 성질이 있기에 우리는 언제 사용할 줄 모르는 채 정보를 쌓아 두기만 한다. 오늘의 뉴스가 몇 주일 후에 고객과의 대화에서 나올지도 모르기 때문이다.

그러나 정보가 쌓이게 되면 어떤 것이 도움이 되는지 점점 판단력이 둔해진다. 그렇게 되면 업무에 도움이 되는 플러스 정보와 도움이 되지 않는 제로 정보를 함께 보존하고 마는 결과가 된다. 그 결과 악순환이 거듭되어 정보는 갈수록 쌓이기만 한다.

모든 정보가 다 활용할 수 있는 것은 아니며, 모두 유용한 것도 아니다. 수집·관리한 정보 중에 도움이 되지 못하는 제로 정보는 주저 없이 버려야 한다. 여러 가지 방법으로 정보를 버리다 보면 오히려 플러스 정보가 될 수도 있다.

– 한국산업인력공단 직업기초능력 정보능력 학습자용 워크북 p.109,
국가직무능력표준 홈페이지(http://www.ncs.go.kr)

교육적 시사점

• 흔히 정보를 쌓아 두면 유용할 것이라 생각하지만, 결코 그렇지 않다.
• 모든 정보가 가치 있는 정보는 아니다. 유용한 정보를 구분하여 활용하는 것이 중요하다.

탐구활동

1. 【사례연구】를 읽고 자신이 수집하고 저장한 정보가 결국 나중에 쓰이지 않고 버려졌던 경험과 그 원인을 작성해 보자.

	수집한 정보를 버리게 된 경우	그 원인은?
1		
2		
3		
4		
5		
6		
7		

2. 다음은 조선 시대 때 이순신 장군이 지은 시조인 '한산도가(閑山島歌)'이다. 이 시조를 5W2H의 방식에 따라 기술해 보자.

> 한산섬 달 밝은 밤에 수루[1]에 혼자 앉아
> 큰 칼 옆에 차고 깊은 시름하는 적에
> 어디서 일성호가[2]는 남의 애를 끊나니
>
> 1) 수루(戍樓): 적군의 동정을 살피려고 성 위에 만든 누각
> 2) 일성호가(一聲胡笳): 한 곡조의 피리 소리

1) Who: _____
2) When: _____
3) Where: _____
4) What: _____
5) How: _____
6) Why: _____
7) How many: _____

학습평가

정답 및 해설 p.218

1   다음은 정보수집과 정보의 연관도이다. ①~③에 알맞은 말을 채워 넣으시오.

2   다음은 문서를 요약하는 5W2H에 관한 내용이다. ①~②에 알맞은 말을 채워 넣으시오.

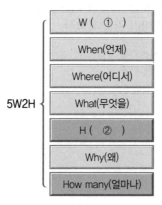

Tip

정보수집의 왕이 되는 법

1. 뉴스를 외워라

어떤 뉴스를 읽은 후 그것을 누군가에게 이야기한 적이 있는가? 대부분의 사람들은 이런 식으로 이야기한다. "NHN의 주가가 떨어졌대요." 그리고 뉴스의 내용을 그대로 주워 섬기거나 아니면 대충 이야기한다. 이런 사례는 뉴스를 읽기는 했지만 외우지 않았을 때 발생한다.

어떤 뉴스는 반드시 내용을 외워야 한다. 대충 이해하는 것이 아니라 뉴스의 논지와 주장, 사실(Fact)을 정확히 외워야 한다. "외국인 투자자들이 이익 환수를 위해 100억 원가량의 주식을 매도했고 이에 따라 NHN의 주식이 4포인트 하락했다."라고 외워야 한다. 모든 뉴스를 외울 필요는 없다. 그러나 오늘의 이슈라고 생각하는 뉴스는 대충 읽지 말고 외우겠다는 각오로 읽어야 한다.

여러분에게 세상의 모든 뉴스가 중요한 것은 아니다. 그러나 최소 하루에 한 개의 뉴스는 중요하다. 하루에 하나씩 정말 자신에게 중요한 뉴스를 외워라. 이렇게 몇 달이 지나면 여러분은 어떤 업체의 흐름에 대해 뉴스를 읽지 않아도 흐름을 외울 수 있게 될 것이다.

아직 그 뉴스에 대한 통찰력까지는 확보되지 않았다. 그러나 이런 식으로 외움으로써 쌓인 지식은 해당 뉴스의 흐름과 개연성을 이해하는 데 큰 도움이 된다. NHN-다음-네이트닷컴, 이런 식으로 업계의 뉴스를 개연성 있는 정보로 기억하게 된다. 단지 읽기만 한다면 몇 년이 지나도 여전히 가십거리에 대한 잡다한 정보만 알고 있게 될 것이다.

2. 관련 기사를 읽어라

포털이나 뉴스 사이트는 거의 대부분 어떤 기사에 대한 관련 기사 목록을 제공한다. 만약 외워야 할 기사를 발견했다면 반드시 관련 기사를 읽어야 한다. 관련 기사는 외워야 할 기사의 배경 설명이나 관련 업체, 관련 사건을 알려 준다. 관련 기사를 읽음으로써 좀 더 쉽게 핵심 기사를 이해하고 외울 수 있다. 관련 기사를 읽어야 하는 매우 중요한 이유는 바로 수집한 정보를 다각적으로 분석할 수 있다는 데 있다.

3. 숫자를 외워라

여러분이 반드시 알아야 하는 숫자를 모르고 있다면 상당히 문제가 있다. 왜냐면 숫자는 정보수집의 기준점이 될 수 있기 때문이다. 정확한 숫자를 알아야 수집한 정보의 가치를 판단하여 재정렬할 수 있다. 싸이월드 미니홈피를 넘어서는 웹 서비스를 개발하고 싶다면 그들이 확보하고 있는 사용자 숫자와 하루 방문자 정도는 외우고 있어야 한다. 이런 정보도 뉴스에 나와 있다. '싸이월드 방문자'라고 입력해서 뉴스를 검색해 보라. 이런 숫자는 자신의 업무와 직결되므로 외우고 있어야지 필요할 때 찾아봐서는 안 된다.

4. 정보원을 함께 외워라

뉴스는 누가 쓰는가? 분명 사람이 쓴다. 만약 여러분에게 정말 도움이 되는 기사를 발견했다면 그것을 쓴 사람의 이름을 외워 둬라. 아마 그 사람은 이전에도 그랬고 앞으로 그런 류의 기사를 또 쓸 가능성이 있다. 가끔 그 기자의 이름으로 뉴스를 검색해서 한번에 살펴보는 것도 좋다. 정보는 웹 사이트가 만드는 것이 아니라 사람이 만든다. 웹 사이트는 정보를 쌓아 두는 창고일 뿐이다. 창고 앞에 서서 드나드는 모든 물건을 체크하지 말라. 누가 좋은 물건을 들고 다니는지 알고 있으면 된다.

– 이준영(ICT 전략 컨설턴트, bluemoonkr@gmail.com)

학/습/정/리

1. 문서이해능력은 직업 현장에서 자신의 업무와 관련된 인쇄물이나 기호화된 정보 등 필요한 문서를 확인하여 문서를 읽고, 내용을 이해하여 요점을 파악하는 능력이다. 문서를 이해하는 것은 올바른 정보를 수집하고, 수집된 정보를 취합·통합하며, 타인의 메시지를 이해하여 그에 맞는 올바른 행위를 하는 것이다.

2. 문서를 이해하는 구체적인 절차는 다음과 같다.

   1) 문서의 목적을 이해하기

   2) 문서가 작성되게 된 배경과 주제 파악하기

   3) 문서에 쓰여진 정보를 밝혀내고, 문서가 제시하고 있는 현안 문제를 파악하기

   4) 문서를 통해 상대방의 욕구와 의도 및 내게 요구되는 행동에 관한 내용을 분석하기

   5) 문서에서 이해한 목적 달성을 위해 취해야 할 행동을 생각하고 결정하기

   6) 상대방의 의도를 도표나 그림 등으로 메모하여 요약·정리해보기

3. 정보를 수집하기 전에 가설을 세운 후 가설에 맞는 정보를 수집하여야 정보수집에 많은 시간을 낭비하지 않게 된다. 또한, 정보를 수집하기 위하여 연구 자료와 통계 자료가 많은 곳, 그리고 정부에서 정보를 제공하는 곳 등을 반드시 알아두어야 정확하고 올바른 정보를 수집할 수 있다.

4. 수집된 정보를 자신만의 데이터베이스로 만들어야 한다. 정보를 정리하기 위해 또는 문서를 정리하기 위해 많이 사용하는 방법이 5W2H이다. 5W2H는 누가(Who), 언제(When), 어디서(Where), 무엇을(What), 어떻게(How), 왜(Why) 얼마나(How many)로 나누어 정리하는 방법이다.

NCS
직업기초능력평가

의사
소통
능력

Chapter

03

문서작성능력

제❸장
문서작성능력

▶ 학습목표

구분	학습목표
일반목표	직장생활에서 직장인으로서 자신에게 주어진 상황과 목적에 따라 다양하게 요구되는 문서를 파악하고 작성하는 능력을 기른다.
세부목표	1. 문서작성을 위한 정보를 목적과 상황에 맞게 정리할 수 있다. 2. 문서의 목적과 상황에 맞게 문서를 작성할 수 있다. 3. 작성한 문서를 보고 오류를 수정하여 완성할 수 있다.

▶ 주요 용어 정리

고객 지향식 마인드

내가 작성한 문서를 상대방으로 하여금 읽게 만들고 상대방의 마음에 '무엇을 남기고', '어떤 반응을 유도'할 것인가를 고려하는 것을 의미한다.

구조적 사고

결론으로서의 주장과 그 결론을 뒷받침할 수 있는 구조로 생각을 구성하여 자신이 전달하고자 하는 메시지를 논리적으로 정리하는 수단이다.

두괄식 표현

결론을 먼저 이야기하고 그에 대한 근거를 제시함으로써 자신이 원하는 바를 정확하고 명확하게 제시하는 방법이다.

제1절 문서작성 원칙

문서는 같은 직장에서 근무하는 사람들 간의 의사소통 수단이 될 뿐만 아니라, 자신의 업무능력을 평가받는 잣대가 될 수도 있다. 그렇기 때문에 직장생활에서는 문서작성능력이 상당히 중요하며, 아무리 성실하게 업무를 수행하더라도 상황과 목적에 맞게 문서를 작성하지 못하면 자신의 능력을 제대로 평가받을 수 없다.

◼ 문서작성의 개념 및 중요성[7]

직장인에게 문서작성은 직장생활의 업무와 관련된 것이 대부분이다. 개인적인 이메일뿐만 아니라 이메일을 통한 업무 보고가 당연시되는 시대가 되면서 직장인들은 자신의 생각을 논리정연하게 표현하는 능력이 더욱 절실하게 되었다.

1) 문서작성의 중요성

직장에서의 문서작성은 업무와 관련된 일로 조직의 비전을 실현시키는, 생존을 위한 것이라 할 수 있다. 그렇기 때문에 직장인으로서 문서작성은 개인의 의사표현이나 의사소통을 위한 과정으로서의 업무일 수도 있지만 이를 넘어 조직의 사활이 걸린 중요한 업무이기도 하다.

2) 문서작성 시 고려 사항

문서는 왜 작성하여야 하며, 문서를 통해 무엇을 전달하려 하는지를 명확히 한 후에 작성해야 한다. 문서작성은 작성자 개인의 사고력과 표현력이 총동원된 결정체이다. 그러므로 문서작성 시에 고려해야 할 사항에는 대상과 목적, 시기가 포함되어야 하며, 기획서나 제안서 등은 경우에 따라 기대 효과 등이 포함되어야 한다.

---

7) 출처: 한국산업인력공단 직업기초능력 의사소통능력 학습자용 워크북 pp.60~61 부분 발췌, 국가직무능력표준 홈페이지 (http://www.ncs.go.kr)

3) 문서작성의 구성 요소

직장인이 작성하는 문서는 치열한 경쟁 상황에서 상대를 설득하거나 조직의 의견을 전달하는 공적인 문서이다. 따라서 ① 품위 있고 짜임새 있는 골격, ② 객관적이고 논리적이며 체계적인 내용, ③ 이해하기 쉬운 구조, ④ 명료하고 설득력 있는 구체적인 문장, ⑤ 세련되고 인상적이며 효과적인 배치라는 구성 요소를 갖추어야 한다.

2 상황에 따른 문서작성법[8]

문서는 어디까지나 자신의 생각을 상대방에게 정확하게 전달하기 위한 것으로 '읽게 해주는 것'이 아니라 '읽어 주기를 바라는 것'이어야 한다. 따라서 자신의 명확한 생각을 전달하고자 할 때 문서를 활용하게 된다. 공적인 업무가 효과적이고 명확하게 진행되어야 하는 직장생활의 성격상 우리는 많은 문서작성의 상황과 마주하게 된다.

직장생활에서 요구되는 문서는 작성해야 하는 상황에 따라 그 내용이 결정되고, 내용에 따라 문서의 성격과 구성해야 할 내용이 결정된다.

1) 요청이나 확인을 부탁하는 경우

업무를 추진하는 과정 중에 업무 내용과 관련된 요청 사항이나 확인 절차를 요구해야 할 때가 있다. 이러한 경우 일반적으로 공문서를 활용하게 되는데, 공문서는 반드시 일정한 양식과 격식을 갖추어 작성하여야 한다.

2) 정보 제공을 위한 경우

직장생활에서 업무 추진을 통해 일의 성과를 높이기 위해서는 적시에 유용한 정보를 제공할 수 있어야 한다. 일반적으로 회사 자체에 대한 인력 보유 홍보나 기업 정보를 제공하는 경우가 있는데, 이러한 경우에는 홍보물이나 보도 자료 등의 문서가 필요하다. 제품이나 서비스에 대해 정보를 제공해야 하는 경우에는 설명서나 안내서 등이 필요하며, 정보 제공을 위한 문서를 작성하고자 하는 경우에는 시각적인 자료를 활용하는 것이 효과적이다. 또한, 모든 상황에서 문서를 통한 정보 제공은 무엇보다 신속하고 정확하게 이루어져야 한다.

3) 명령이나 지시가 필요한 경우

업무를 추진하다 보면 관련 부서나 외부 기관, 단체 등에 명령이나 지시를 내려야 하는 일이 많다. 이런 경우, 일반적으로 업무 지시서를 작성한다. 업무 지시서를 작성할 때는 상황에 적합하고 명확한 내용을 작성할 수 있어야 한다. 또한, 단순한 요청이나 자발적인 협조를 구하는 차원의 사안이 아니므로 즉각적인 업무 추진이 실행될 수 있도록 해야 한다.

4) 제안이나 기획을 할 경우

직장생활에서는 업무에 대한 제안이나 기획을 수립해야 하는 경우가 많다. 제안서나 기획서의 목적은 업무를 어떻게 혁신적으로 개선할지, 어떤 방향으로 추진할지에 대한 의견을 제시하는 것이다. 그러므로 회사의 중요한 행사나 업무를 추진해야 할 경우, 제안서나 기획서를 효과적으로 작성하는 것이 매우 중요하다. 제안이나 기획의 목적을 달성하기 위해서는 관련된 내용을 깊이 있게 담을 수 있는 작성자의 종합적인 판단과 예견적인 지식이 요구된다.

5) 약속이나 추천을 위한 경우

약속은 고객이나 소비자에게 제품의 이용에 관한 정보를 제공하고자 할 때, 추천은 개인이 다른 회사에 지원하거나 이직을 하고자 할 때 일반적으로 상사가 작성해 주는 문서이다.

---

8) 출처: 한국산업인력공단 직업기초능력 의사소통능력 학습자용 워크북 pp.65~66, 국가직무능력표준 홈페이지(http://www.ncs.go.kr)

3 문서작성의 원칙

그동안 우리는 '어떻게 문서를 작성해야 하는가?'에 대해 체계적으로 배울 기회가 없었다. 직장에서의 문서는 곧 상사, 동료, 고객에 대한 보고를 말한다. 상사에 대한 보고는 업무 지시에 대한 결과 및 건의 사항을 전달하는 것이며, 동료들과는 의견 교환이나 공감대 형성을 위한 의사소통을 말한다. 또한, 고객에 대한 보고는 제품·서비스·기업에 대한 정보를 전달하는 것을 의미한다.

올바른 문서작성은 성공적인 보고로 이어져 결국 직장인으로서 인정을 받는 좋은 기회를 얻게 된다. 생각과 의견을 정확히 표현하는 문서를 작성하기 위해서는 자신이 작성한 문서를 읽는 사람이 누구인가를 파악하는 '고객 지향식 마인드', 자신의 생각을 논리적으로 풀어 나가기 위한 '구조적 사고' 방법, 핵심을 먼저 말하는 '두괄식 표현'과 '올바른 글쓰기' 방법에 대해 익숙해져야 한다.

1) 고객 지향식 마인드

문서는 항상 누군가에게 읽혀진다. 문서를 읽는 사람이 누구인지, 어떤 것에 관심이 있는지 파악하지 못하면 올바른 문서를 작성할 수 없다.

2) 구조적 사고

결론으로서의 주장과 그 결론을 뒷받침할 수 있는 구조로 생각을 구성하여 자신이 전달하고자 하는 메시지를 논리적으로 정리하는 수단이다.

3) 두괄식 표현

배경과 근거를 먼저 이야기하면 상대방은 지칠 수밖에 없다. 결론을 먼저 이야기하고 그에 대한 근거를 제시하면 상대방을 쉽게 이해시킬 수 있다.

4) 올바른 글쓰기

올바른 글쓰기는 문서를 작성하기 위하여 의외로 많은 연습이 필요하다. 제목과 인과관계 등 올바른 글쓰기에 대해 알아 두어야 한다.

사례연구 ❶

아니… 공과 사도 구분하지 못합니까?

컨설팅 회사에 인턴으로 근무하게 된 R학생의 부서가 주요 고객으로부터 사업 제안서를 요청받았다. 그는 자신이 근무하는 회사와 오랫동안 협력해 오던 사람이었다. R은 심혈을 기울인 끝에 사업 제안서를 완성해 개인적인 안부와 함께 제안서 초안을 이메일로 보냈다.

한편 그 고객의 비서는 여러 군데 컨설팅 회사에 맡긴 사업 제안서를 모두 취합해 간부 회의 때 돌려 볼 수 있도록 제안서를 출력했다. 그러나 R학생이 보낸 이메일 내용이 간부 회의의 분위기를 흐뜨렸다. 이메일에는 이전의 접대 자리가 만족스러웠는지를 묻는 극히 개인적인 내용이 들어 있었던 것이다.

며칠 후, R학생은 그 고객으로부터 제안서 탈락과 동시에 컨설팅 업무 계약 취소 통보를 받았다. R학생은 인간관계를 믿고 이메일을 보냈다가, 공과 사를 구분하지 못한다는 고객의 불만과 함께 업무 계약 취소라는 날벼락을 맞게 된 것이다.

– 한국산업인력공단 직업기초능력 의사소통능력 학습자용 워크북 p.63,
국가직무능력표준 홈페이지(http://www.ncs.go.kr)

교육적 시사점

- 이메일은 개인 간, 직장 내, 직장 외로 발송되는 것이 일반적이다. 공식적인 이메일을 발송할 경우 가벼운 인사를 제외한 사적인 이야기는 배제해야 한다.
- 상황에 맞게 문서를 작성하는 습관을 들이는 것이 중요하다.

사례연구 ❷

지금 낙서를 가져온 겁니까?

W씨는 어려운 취업난을 뚫고, 드디어 A사에 입사하게 되었다. 기대에 부푼만큼 직장생활은 정말 즐거웠다. 입사하고 처음으로 회의에 들어간 W씨는 회의 시간 동안 앞으로의 업무 방향과 중요 사항 등 많은 사항들을 듣고 자신에게 필요한 업무가 무엇인지 느끼게 되었으며 그때마다 간단한 메모를 해 두었다.

회의가 끝나고 얼마 후, 팀장님이 W씨를 불러 지난 회의와 관련한 회의록을 가져와 보라고 지시했다. 어떻게 해야 할지 모르는 데다가 평소에 글쓰기에 자신이 없었던 W씨는 쩔쩔매며 고민하다가 회의 때 기록해 두었던 메모를 떠올리고 메모를 새롭게 구성하여 팀장님께 보여 드렸다. 회의록을 기대했던 팀장은 W씨의 메모를 보고는 한숨을 쉬며 W씨에게 이렇게 얘기했다.

"회의에서 다뤄졌던 중요한 내용은 모두 다 있어 충실하기는 하지만 … 지금 낙서를 가져온 겁니까? 회의록을 다시 작성해 오세요!"

– 한국산업인력공단 직업기초능력 의사소통능력 학습자용 워크북 p.58,
국가직무능력표준 홈페이지(http://www.ncs.go.kr)

교육적 시사점

• 문서는 의사소통의 수단뿐만 아니라 자신의 업무능력을 평가받게 되는 잣대가 될 수도 있다.
• 따라서 목적에 맞게 문서를 작성하는 습관을 들이는 것이 중요하다.

탐구활동

1. 직장생활에서 문서작성이 중요한 이유를 작성해 보자.

2. 문서작성에 있어서 자신의 성공/실패 사례 및 그에 대한 느낀점을 작성해 보자.

〈성공 사례 및 느낀 점〉

〈실패 사례 및 느낀 점〉

3. 【사례연구 1】을 읽고 문제점이 무엇인지 기술해 보자.

4. 【사례연구 2】를 읽고 문제점과 올바른 회의록 작성법을 기술해 보자.

학습평가

정답 및 해설 p.218

※ (   ) 안에 알맞은 말을 채워 넣으시오. (1~4)

1   문서는 어디까지나 자신의 생각을 상대방에게 정확하게 전달하기 위한 것으로 '읽게 해주는 것'이 아니라 '(   )'(이)어야 한다. 따라서 자신의 명확한 생각을 전달하고자 할 때 문서를 활용하게 된다.

2   문서작성의 원칙 중 (   )은/는 문서는 항상 누군가에게 읽혀지므로 문서를 읽는 사람이 누구인지, 어떤 것에 관심이 있는지 파악하지 못하면 올바른 문서를 작성할 수 없다는 것과 관련 있다.

3   문서작성의 원칙 중 (   )은/는 결론으로서의 주장과 그 결론을 뒷받침할 수 있는 구조로 생각을 구성하여 자신이 전달하고자 하는 메시지를 논리적으로 정리하는 수단이다.

4   문서작성의 원칙 중 두괄식 표현은 배경과 근거를 먼저 이야기하면 상대방이 지칠 수밖에 없으므로 (   )을/를 먼저 이야기하고, 그에 대한 근거를 제시하면 상대방을 쉽게 이해시킬 수 있다는 것이다.

기록은 기억을 지배한다

취업을 준비하고 있는 M군은 자주 친구들로부터 다른 사람의 이야기를 흘려듣거나 금방 잊어버린다는 얘기를 많이 들어 어떤 일을 하던 간에 늦거나 잘못하는 경우가 많았다. 그리고 같은 일을 했음에도 불구하고 남들보다 남겨진 자료가 별로 없는 것을 발견하였다. 그래서 M군은 항상 메모하고 기억하려는 노력을 하기로 결심하고 이를 실천에 옮겼다.

그 후 M군은 취업 준비 스터디 시간에는 물론이고, 먼저 취업한 선배들을 만날 때, 신문이나 책을 읽을 때 역시 메모를 하려고 열심히 노력했다. 처음에는 메모가 귀찮기도 하고, 쉽지 않아 다른 사람은 어떻게 정리하고 작성하는지 관찰하는 것을 시작으로 언제 어디서든 메모를 하였다.

메모를 하다 보니 자신만의 방법을 터득하게 되었는데, 글자로만 메모를 하는 것이 아니라 기호와 자신만의 암호를 정해 더욱 간단하고 신속하게 메모할 수 있었으며, 시간이 지난 뒤에도 알아보기 쉽도록 중요한 사항은 한눈에 띄도록 메모하였다. 그리고 메모한 내용과 관련 자료를 주제별로 분리하고 문서 보관 상자에 넣어 자신만의 데이터베이스를 만들기에 이르렀다.

이후 취업 스터디 모임에서 희망하는 회사에 대해 스터디를 했는데 모아 둔 메모와 자료를 바탕으로 쉽게 작성할 수 있었고, 기존의 메모에 새로운 생각이 더해져 더욱 풍부한 자료가 되었다.

– 한국산업인력공단 직업기초능력 의사소통능력 학습자용 워크북 p.31,
국가직무능력표준 홈페이지(http://www.ncs.go.kr)

제2절 고객 지향식 마인드

고객 지향, 고객 마인드 등 근래 마케팅에서 고객이란 단어는 상당히 중요한 개념으로 많이 사용되고 있다. 하지만 고객이 무엇을 좋아하고 싫어하는지 분석해본 경우는 얼마나 될까? '지피지기면 백전백승'이라는 글귀를 한 번쯤은 들어봤을 것이다. 나를 알고 상대방을 아는 것이 얼마나 중요한지는 전쟁에서 뿐만 아니라 현대 사회를 살아가는 직장인에게 중요한 자세임은 두말할 나위 없을 것이다. 다음 사례를 살펴보자.

사례 ❶

> **일본 시장에서 실패한 프록터&갬블(P&G)**
>
> 프록터&갬블(P&G)은 미국의 세계 최대 생활용품 기업이다. 이 기업은 전 세계 생활용품 시장에 성공적으로 침투하여 상당한 수익을 보고 있다. 하지만 이러한 우수한 기업도 일본 시장 진출에 실패를 한 경험이 있다.
>
> P&G는 그간 성공적으로 판매를 해온 두툼하고 오래 사용할 수 있는 유아용 기저귀로 자신 있게 일본에 진출하였다. 하지만 결과는 대실패였다. 10년 동안 약 3,000억 원의 손실을 본 것이다.
> 이처럼 P&G가 일본에서 실패한 이유는 미국과 일본의 기상 환경의 차이에 있었다. 일본은 국토가 주요 섬 몇 개와 여러 개의 작은 섬으로 이루어진 도서국이어서 습하며 곰팡이가 잘 핀다. 그래서 일본 주부들은 매일매일 청결을 유지하며 생활하고 있다. 이런 주부들에게 두툼하고 오랫동안 사용할 수 있는 유아용 기저귀를 출시한들 제대로 먹혀들 수 있었을까?
>
> 결국 P&G는 일본에서의 경험을 토대로 다시 시장 분석에 들어가 기저귀를 재디자인하고 생산 라인을 수정하여 출시할 수밖에 없었다.

앞에서 본 사례는 고객 분석에 실패하고 자사의 제품만을 맹신하여 시장에 진출했다가 실패한 대표적인 사례이다. 대표적인 다국적 기업인 P&G도 고객에 대한 분석을 소홀히 하다가 결국은 엄청난 금액의 손실을 보게 된 것이다.

문서작성 역시 커뮤니케이션의 일종이다. 문서의 성격이 보고, 제안, 의뢰, 지시사항이라 할지라도 문서 역시 언어 커뮤니케이션과 마찬가지로 전달자와 수신자가 존재한다. 문서를 통해 수신자에게 기대하는 반응은 이해, 피드백, 행동이다.

문서작성에서 고객 지향식 마인드를 가져야 한다는 것은 자신이 작성한 문서를 상대방으로 하여금 읽게 만들고 상대방의 마음에 '무엇을 남기고' '어떤 반응을 유도'할 것인가를 의미한다.

■1 고객은 누구인가?

기업에서 뿐만 아니라 일반 가게에서도 고객이란 단어가 많이 사용된다. "고객이 왕이다."라는 말부터 시작해서 고객만족경영, 고객관계관리(Customer Relationship Management) 등은 한 번쯤은 들어본 단어일 것이다.

기업에서 고객은 대외 고객과 대내 고객으로 나눌 수 있다. 대외 고객은 말 그대로 기업의 제품과 서비스를 이용하는 사람, 기업과의 이해관계자(주주, 정부, 국세청 등)로 구분할 수 있다. 대내 고객의 경우 상사, 동료, 부하 직원 등 회사 내에서 마주치게 되는 모든 사람들을 다 대내 고객이라고 할 수 있다.

우리가 주의해야 할 것은 우리의 문서를 읽는 고객이 모두 현명하지는 않다는 점이다. 로버트 서튼의 《굿보스 배드보스(Good Boss Bad Boss)》, 존 후버의 《직장의 신(How to work for an idiot)》, 최경춘의 《나쁜 보스》란 책들만 봐도 직장 상사들이 모두 현명하지는 않다는 것을 알 수 있다.

결국 성공적인 문서작성을 위해서는 고객의 성향에 대해 명확히 파악하여(예: 복잡한 걸 싫어하는 성격인지, 두꺼운 문서를 좋아하는지, 보고서를 잘 읽는지) 맞춰 주는 수밖에 없다.
다음 사례는 직장생활에서 겪게 되는 다양한 유형의 상사들에 대한 내용이다.

사례 ❷

상사의 유형

1. 구두 보고를 싫어하는 상사

구두 보고를 전혀 선호하지 않는 상사들이 있다. 구두 보고를 좋아하지 않는 이유는 구두 보고를 받는 순간 즉각적인 반응을 해야 한다는 부담감이 생기고, 내용이 머릿속에서 정리가 제대로 안 될 뿐만 아니라 시간이 지나면 내용을 까먹기 때문이다.

이런 상사에게는 중간중간에 지시한 일을 제대로 진행하고 있음을 간단하게 이야기하고, 정식으로 작성한 서류를 전달해야 한다.

2. 보고서를 제대로 읽기 싫어하는 상사

보고서를 읽기 싫어하는 상사는 부하 직원이 보고서를 제출하면 아예 읽지 않고 있다가 자신의 직속 상관이 찾으면 부랴부랴 자신에게 보고서를 제출했던 직원을 찾아 해당 보고서의 내용에 대해 물어보고, 어설프게 이해하는 경우가 대부분이다. 이런 상사는 전문적인 지식이 없거나 인간적인 관계만을 추구하는 상사일 경우가 다반사이다.

이런 상사에게는 보고서 제출 시 핵심적인 내용만 작성한 요약서를 함께 제출해 상사를 이해시키는 수밖에는 없다.

3. 형식에만 얽매이는 상사

보고서를 제출하면 줄 간격, 폰트 크기, 맞춤법, 문서 양식 등에만 관심을 보이며, 빨간색으로 밑줄을 긋고 수정 사항을 빼곡히 적어 다시 돌려주는 상사이다. 이런 상사에게는 어쩔 수 없이 문서를 작성할 때 틀리지 않도록 주의하는 수밖에 없다.

자신의 마음에 들지 않는다고 고객을 바꿀 수 없는 것처럼 상사가 현명하지 않다고 상사를 바꿀 수 없다. 어쩔 수 없이 문서를 읽는 상대방에 대해 생각해 보고, 그 사람의 취향에 맞추어 작성하는 수밖에는 없다.

2 말하고자 하는 것이 무엇인가?

〈론 서바이버(Lone Survivor)〉란 영화를 보면 아프가니스탄에 침투한 네이비씰 대원들이 고립된 채 반군과 싸우는 장면이 나온다. 여기에서 적에게 총을 난사하는 대원과 정확하게 겨누어 총을 쏘는 대원이 있다. 만일 적에게 총을 난사할 경우 운이 좋으면 많은 적을 쓰러트릴 수 있지만, 자신의 위치가 노출되어 결국 사망하게 된다.

고객 지향식 마인드도 이와 마찬가지이다. 정확히 고객을 겨냥하여야 한다. 중구난방으로 문서를 작성하기보다는 정확히 고객을 겨누어 고객에게 남기고자 하는 말을 작성하는 것이 바로 고객 지향식 마인드이다. 그러므로 문서를 작성한 후 다시 한 번 읽어 보며 '내가 과연 고객에게 남기고자 하는 말이 무엇인가?'를 생각해 보아야 할 것이다. 다음 사례를 살펴보자.

사례 ❸

> **그러니까 결론이 무엇인가?**
>
> 세무행정을 전공하는 3학년 P는 전공수업 시간에 팀별 발표 과제를 다음 주까지 준비해야 했다. 과제물은 발표와 구성 계획안을 작성해 오는 것이었다. 심혈을 기울여 PPT를 만들고, 구성 계획안을 작성했다.
>
> 드디어 발표 시간, P는 자신이 할 수 있는 문장 실력을 총 동원해 작성한 구성 계획안을 읽고 준비한 PPT를 넘기며 발표를 시작했다. 중간 정도 발표하고 있는데 갑자기 친구들과 교수님이 말씀하셨다. "그래서 핵심 내용이 무엇이지?" 갑자기 당황한 P는 얼버무리며 발표를 대충 마쳐버렸다.
>
> 반면 1학기 때 성적이 가장 좋았던 K는 아주 짧은 구성 계획안을 작성해 와서는 핵심적인 내용만 짧게 발표하고 들어갔다. 발표가 끝난 후 교수님은 P의 발표에 대해 말씀해 주셨다. "열심히 준비했네만 무슨 말을 하려고 하는지 이해가 잘 안되었네."
>
> – 한국산업인력공단 직업기초능력 의사소통능력 학습자용 워크북 p.76,
> 국가직무능력표준 홈페이지(http://www.ncs.go.kr)

훌륭한 문서는 양보다는 '문서를 통해 말하고자 하는 내용', 그리고 '상대방에게 어떠한 내용을 기억시키고자 하는가?'와 관련된 내용이 명확히 표현되고 전달될 수 있어야 한다.

사례연구

신데렐라 이야기

광고 회사에 근무하는 D씨는 최근 어이없는 기획안을 보게 되었다. 신입사원이 작성한 기획안이었는데, 그 기획안은 신입사원이 속한 팀의 팀장이 광고기획안을 만들라고 지시한 것이었다. 평소 글쓰기에 자신이 없었던 신입사원은 어렵사리 작성하여 팀장에게 보여줬지만 여러 번 퇴짜를 맞았다. 팀장은 신입사원에게 이렇게 두서없는 기획안은 처음이라며 D씨에게 연락하여 신입사원이 기획서 작성에 어려움을 겪고 있으니 도와줄 수 없겠냐고 부탁을 해왔다. 평소 글쓰기의 달인으로 통하던 D씨는 신입사원이 작성한 기획서를 보게 되었는데 D씨도 기가 막히긴 마찬가지였다.

"두서가 없다는 말이 나올 만하네요. 본론이 없네요, 본론이…."
그러더니 D씨는 뜬금없이 노래를 부르기 시작했다.
"신데렐라는 어려서 부모님을 잃고요, 계모와 언니들에게 구박을 받았더래요…
제가 이 노래를 왜 부른 것 같아요?"

신입사원은 자신을 놀리고 있다고 생각했지만 D씨의 다음 말에 자신이 무슨 실수를 저질렀는지 곧바로 깨달았다.
"만약에 이 노래를 이렇게 부르면 어떻게 될까요? '신데렐라는 언니들에게 구박을 받고요, 어려서 엄마 아빠를 모두 다 잃었더래요….' 당신의 글이 지금 이래요. 구성이 뒤죽박죽이라고요."

– 한국산업인력공단 직업기초능력 의사소통능력 학습자용 워크북 p.70,
국가직무능력표준 홈페이지(http://www.ncs.go.kr)

교육적 시사점

* 두서없이 쓰여 있어 요점을 파악하기 어려운 문서의 경우 전달하고자 하는 내용을 상대방에게 정확히 전달할 수 없다.
* 따라서 목적에 맞게 문서의 핵심 사항을 정리하여 상대방에게 제시할 수 있도록 많은 연습이 필요하다.

탐구활동

1. 현재 자신이 접하는 고객은 어떤 유형의 사람들인지 작성해 보자.

2. 최근 고객에 맞춰 문서를 작성한 경험이 있는지 생각해 보고 성공/실패 사례에 따라 느낀 점이 무엇이었는지 작성해 보자.

〈성공 사례 및 느낀 점〉

〈실패 사례 및 느낀 점〉

3. 【사례연구】를 읽고 문제점이 무엇인지 작성해 보자.

4. 고객 지향식 마인드라는 용어가 어떤 의미를 포함하고 있는지 작성해 보자.

학습평가

정답 및 해설 p.218

1   ①~②에 알맞은 말을 채워 넣으시오.

> 기업에서 고객은 (①)와/과 (②)(으)로 나눌 수 있다. (①)은/는 말
> 그대로 기업의 제품과 서비스를 이용하는 사람, 기업과의 이해관계자(주주,
> 정부, 국세청 등)로 구분할 수 있다. (②)의 경우 상사, 동료, 부하 직원
> 등 회사 내에서 마주치게 되는 모든 사람들을 의미한다.

2   다음 설명에 해당하는 것은? (   )

> 정확히 고객을 겨누어 고객에게 남기고자 하는 말(전하고자 하는 말)을 작
> 성하는 것이다.

종류에 따른 문서 작성법

1. 공문서

공문서는 회사 외부로 전달되는 문서이므로 누가, 언제, 어디서, 무엇을, 어떻게(왜)가 정확하게 드러나도록 작성해야 한다.

1) 한 장에 담아내는 것이 원칙이다.

2) 마지막엔 반드시 '끝'자로 마무리한다.

3) 복잡한 내용은 항목별로 구분한다. ('-다음-' 또는 '-아래-')

4) 대외 문서이고, 장기간 보관되는 문서 성격에 따라 정확하게 기술한다.

2. 설명서

1) 명령문보다 평서형으로 작성한다.

2) 상품이나 제품에 대해 설명하는 글의 성격에 맞춰 정확하게 기술한다.

3) 정확한 내용 전달을 위해 간결하게 작성한다.

4) 소비자들이 이해하기 어려운 전문 용어는 가급적 사용을 삼간다.

5) 복잡한 내용은 도표를 통해 시각화하여 이해도를 높인다.

6) 동일한 문장 반복을 피하고 다양하게 표현하도록 한다.

3. 기획서

기획서의 목적을 달성할 수 있는 핵심 사항이 정확하게 기입되었는지 확인한다. 기획서는 상대에게 어필해 상대가 채택하게끔 설득력을 갖춰야 하므로, 상대가 요구하는 것이 무엇인지 고려하여 작성한다.

1) 내용이 한눈에 파악되도록 체계적으로 목차를 구성하도록 한다.

2) 핵심 내용의 표현에 신경을 써야 한다.

3) 효과적인 내용 전달을 위해 내용과 적합한 표나 그래프를 활용하여 시각화하도록 한다.

4. 보고서

1) 업무 진행 과정에서 쓰는 보고서인 경우, 진행 과정에 대한 핵심 내용을 구체적으로 제시하도록 작성한다.

2) 핵심 사항만을 산뜻하고 간결하게 작성한다(내용의 중복을 피하도록 한다).

3) 복잡한 내용일 때에는 도표나 그림을 활용한다.

– 한국산업인력공단 직업기초능력 의사소통능력 학습자용 워크북 p.66~68 부분 발췌,
국가직무능력표준 홈페이지(http://www.ncs.go.kr)

제3절 구조적 사고

예전에 '한 장짜리 기획서'라는 주제로 열풍이 불었던 적이 있었다. 또한, 포털 사이트에서 '비즈니스 글쓰기'라는 검색어를 입력하면 많은 서적들과 팁들이 검색된다. 그만큼 많은 직장인들이 힘들어하고 배우고 싶어 하는 것이 바로 문서작성에 대한 요령이다.

구조적 사고란 문서 전체를 하나로 구조화하여 전달하기 쉽고 읽는 사람이 이해하기 쉽도록 문서를 작성하는 것을 의미한다. 구조화 사고는 숙달되지 않으면 매우 힘들다. 하지만 연습을 하다보면 그리 어려운 개념이 아니라는 것을 금방 느끼게 될 것이다. 하나씩 자세히 알아보도록 하자.

1 피라미드 구조

피라미드 구조는 미국 경영컨설팅사 맥킨지의 최초 여성 컨설턴트인 바바라 민토(Barbara Minto)가 개발하였다. 피라미드 구조란 글의 순서에 있어서 주요하고 핵심적인 생각(결론)을 나열한 후 주된 생각을 뒷받침하는 구체적이고 부연적인 생각(근거 자료)을 제시하는 것을 의미한다. [그림 3-1]에서 보듯이 결론과 그를 뒷받침하는 근거(A, B) 그리고 각 근거를 지지하는 a1~a3, b1~b3로 구성되어 피라미드처럼 생겼기 때문에 피라미드 구조라고 한다.

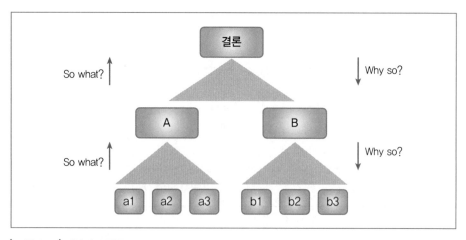

| 그림 3-1 | **피라미드 구조**

논리라는 것은 항상 질문에 대한 대답인 '결론'과 그것을 뒷받침해 주는 여러 가지 '근거'를 연관 지어 하나의 구조로 만드는 것으로, 결론과 결론을 뒷받침해 주는 A, B 사이는 'So what?'과 'Why so?'라는 관계로 이루어진다.

'So what?(그래서?)'은 a1, a2, a3가 지지하여 '그래서(So what?) A'라는 근거가, b1, b2, b3가 지지하여 '그래서(So what?) B'라는 근거가 도출되며, A와 B가 모여 '그래서(So what?) 결론'이 도출된다는 것이다.

반대로 Why so?(왜 그런데?)는 결론에서 시작하여 "왜 이런 결론이 나왔지? 아… A하고 B 때문이구나. 그럼 A하고 B는 왜 이렇게 도출됐지? 아, a1, a2, a3와 b1, b2, b3 때문에 A와 B가 도출되었구나…"라는 것이다.

결론을 도출하고 결론을 지지하는 근거 A와 B를 'So what?'과 'Why so?'를 사용하여 검증할 수 있다. 'So what?'과 'Why so?'가 원활하게 이어지면 결론과 근거 A, B 사이에 논리적으로 하자가 없다는 것을 의미한다. 앞에서 본 내용을 요약하면 다음과 같다.

> 논리란 질문에 대한 대답(결론)과 결론을 지지하는 다수의 근거로 이루어지며 다음의 요건을 만족시켜야 한다.
> - 요건 1: 결론은 바로 질문에 대한 대답이어야 한다.
> - 요건 2: 결론과 다수의 근거들 사이에는 'So what?'과 'Why so?'의 관계가 성립되어야 한다.

다음 사례를 통해 피라미드 구조에 대해 다시 한 번 생각해 보도록 하자.

사례 ❶

기획팀의 김 차장은 정 부장으로부터 연구부서, 생산부서, 홍보부서, 회계부서 담당자들과 회의 일정을 잡으라는 지시를 받아 각 부서의 담당자들과 일정을 잡기 위해 고군분투하고 있다. 하지만 참석하는 인원만 20명이 넘기 때문에 일정을 잡는 것이 쉽지 않다. 김 차장은 정 부장에게 다음과 같이 이메일을 보냈다. "부장님. 연구부서는 이번 주는 힘들고 다음 주 수요일 이후에나 가능하다고 하고요. 생산부서는 이번 주는 OJT, 다음 주 금요일은 내부 교육 때문에 참석하기 힘들다고 합니다. 회계부서는 이번 주말부터 다음 주 초까지 외부 교육이 잡혀 있어 내일이나 다음 주 목, 금요일이 가능하다고 합니다. 아무쪼록 각 부서와 계속 연락하여 회의 일정을 잡도록 하겠습니다."

요즘 이메일로 이렇게 보고하는 회사원은 드물 것이다. 앞에서 본 사례를 피라미드 구조로 변경하여 보자.

[정 부장이 김차장에게 던진 질문]

"회의 일정은 언제?"

[정 부장의 질문에 대한 대답(결론)]

"이번 주는 각 부서 사정때문에 힘들고 다음 주에나 가능하다."

[김 차장의 결론에 대한 근거]

- 연구부서: 다음 주 수요일 이후 가능
- 생산부서: 이번 주 내내 OJT, 다음 주 금요일은 내부 교육
- 회계부서: 다음 주 초까지 외부 교육, 내일 또는 다음 주 목, 금에야 가능

앞에서 정리한 내용을 바탕으로 이메일을 다시 한 번 작성해 보자.

"부장님 회의는 다음 주 목요일에나 가능할 것 같습니다. 그 이유는 ① 연구부서는 다음 주 수요일 이후 가능하고, ② 생산부서는 이번 주 내내 OJT와 다음 주 금요일에 내부 교육이라서 힘들고, ③ 회계부서는 다음 주 초까지 외부 교육이 있어 내일 또는 다음 주 목, 금에야 가능하기 때문입니다. 목요일로 일정을 잡은 후 보고드리겠습니다."

이 내용을 피라미드 구조로 작성하면 다음과 같다.

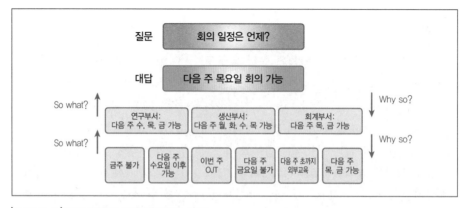

| 그림 3-2 | 회의 일정에 대한 피라미드 구조

사례를 앞에서 본 것과 같이 다시 정리하니 어떤가? 상대방의 입장에서 한결 이해하기 편할 것이다. 대답(결론)에 대한 근거(연구부서, 생산부서, 회계부서)는 도대체 몇 개가 있어야 하는가? 결론에 대한 근거가 하나일리는 없다. 따라서 두 개 이상으로만 구성하면 된다.

우리는 놀라울 정도로 평소에 3이란 숫자에 익숙해져 있다. 우리가 즐겨하는 '가위, 바위, 보'도 세 개로 구성되어 있고, 평소 농담처럼 말하는 "그게 안 되는 이유 세 가지를 말해 봐."란 말에서도 숫자 3을 쓴다. 그리고 기독교에서 말하는 삼위일체도 3가지로 구성되어 있다. 남녀 사이에서 가장 마음 아픈 관계가 바로 3각 관계이고, 심지어 단군신화에서도 "환웅이 이 땅에 내려올 때 황백·운사·우사를 거느리며, 천부인 세 개와 삼천의 무리를 이끌고 오셨다."고 기술돼 있어 숫자 3이 등장한다. 오토 베츠의 《숫자의 감춰진 비밀》이란 책을 보면 숫자 3은 완전한 숫자로써 불안전함을 종결시키는 의미를 갖고 있다고 한다.
따라서 결론에 대한 근거의 개수는 많은 것보다 상대방이 머릿속에서 정리하기 편하게 만들어 주기 위해 가급적 3~5개 사이로 구성하는 것이 좋다.

2 MECE(Mutually Exclusive, Collectively Exhaustive)

MECE(미시라고도 하고 발음 그대로 MECE라고 읽기도 한다)는 메시지를 중복, 누락 없이 명확히 나누는 기술이다. 이 명칭 또한 맥킨지 컨설팅에서 만들었다.
만약 상사에게 제출한 보고서에 문장이 불규칙한 데다가 나름대로 첫째, 둘째, 셋째로 구분해 놨지만, 첫째와 둘째가 비슷한 의미로 작성되어 있다면 바로 쓰레기통에 처박히게 된다.

MECE를 설명할 때 많이 사용하는 것이 트럼프이다. 트럼프를 하트, 다이아몬드, 클로버, 스페이드로 분류하면 상호 중복이 없고 누락이 없이 나누어진다. 인구를 나타낼 때 성별로 표기하면 남자, 여자로 나눌 수 있으며, 남자와 여자는 모든 인구를 중복되지도 누락되지도 않게 분류할 수 있다. 이 밖에 가위바위보 게임은 가위, 바위, 보로 중복되지도 누락되지도 않게 분류할 수 있다. 다음을 생각해 보자.

- 생물을 포유류와 어류로 분류: 포유류와 어류는 중복되지 않으나 합이 전체 (생물)가 되지 않는다.

| 그림 3-3 | ME이기는 하나 CE가 아닌 경우

- 여성을 기혼, 미혼, 직장인으로 나눈 경우: 합이 전체가 되기는 하나 서로 중복 된다.

| 그림 3-4 | CE이기는 하나 ME가 아닌 경우

- 서울시 인구를 10대 이하, 20대, 30대 이상으로 나눈 경우

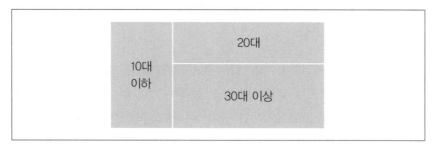

| 그림 3-5 | ME, CE를 만족하는 경우

MECE는 피라미드 구조의 하부를 이루고 있다. 앞에서 본 [그림 3-1]을 좀 더 자세히 그리면 다음과 같다.

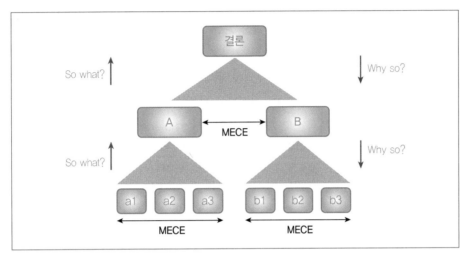

| 그림 3-6 | 피라미드 구조와 MECE

결론을 뒷받침하고 있는 근거 A와 B는 상호 배타적이고(중복되지 않고) 전체를 이루고 있어야 한다. 또한, 근거 A를 지지하는 a1, a2, a3는 상호 배타적이고 전체인 A를 이루고 있어야 한다.

우리가 문서를 작성할 때 첫째, 둘째, 셋째로 열심히 구분하여 작성할 때가 많다. 이 경우 반드시 첫째, 둘째, 셋째가 상호 배타적이고(중복되지 않고) 합하여 전체를 구성하여야 한다는 것을 이제 이해할 수 있을 것이라고 생각한다.

MECE가 어렵다고 포기하지 말고 요소를 분해하거나 프로세스로 구분하는 방법을 활용하여 연습하는 것도 좋다.

1) 요소를 분해한다.

요소를 분해하기 어려우면 일반적으로 많이 사용되는 다음의 프레임워크를 활용하도록 하자.

- 마케팅을 파악하기 위해서 활용하는 4P: 제품, 가격, 프로모션, 유통
- 자사의 현황을 분석하는 3C: Customer, Competitor, Company

- 기업 조직 내부의 역량 분석에 사용되는 7S: 전략(Strategy), 기술(Skill), 조직 구조(Structure), 시스템(System), 인재/구성원(Staff), 스타일(Style), 공유 가치(Shared Value)
- 기업의 거시환경분석에 사용되는 PEST: 정치(Political), 경제(Economic), 사회(Social), 기술(Technological)
- 기업의 내외부 분석을 통한 전략 수립에 사용되는 SWOT: 강점(Strengths), 약점(Weaknesses), 기회(Opportunities), 위협(Threats)
- 기업의 운영 환경을 분석할 때 사용하는 5-Forces Model: 공급자, 고객(구매자), 신규 진입자, 대체재, 경쟁자

2) 프로세스로 구분한다.

모든 일의 시작부터 마지막까지를 프로세스로 구분할 경우 생각보다 쉽게 MECE를 만족시킬 수 있다. 다음은 프로세스로 구분한 예이다.

① 마이클 포터의 가치사슬 모형

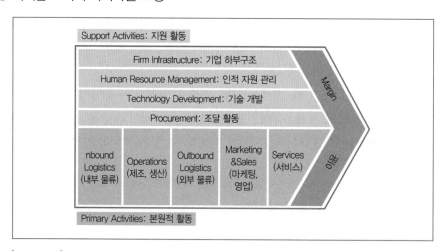

| 그림 3-7 | 마이클 포터의 가치사슬 모형

② 업무 수행 과정의 세분화

업무 수행 과정을 Plan, Do, See로 또는 세분화하여 Plan(계획), Do(실행), Check(점검), Action(개선)으로 구분할 수 있다.

| 그림 3-8 | **업무 수행 과정**

MECE를 평소에 쉽게 연습하는 방법이 있다. 그것은 항상 모든 사항에 대하여 첫째, 둘째, 셋째를 달고 사는 것이다. 내가 자장면을 먹어야 하는 세 가지 이유, 내가 소개팅을 해야 하는 세 가지 이유, 내가 오늘 해야 하는 세 가지 일, 쇼핑을 해야 하는 세 가지 이유 등을 항상 연습하자. 처음에는 쉽게 되지 않는다. 하지만 이런 사소한 연습을 지속하면 보다 쉽게 MECE에 익숙해지게 된다.

사례 ❷

축의금은 얼마로?

정호: 은주야 무슨 고민 있니?

은주: 실은 다음 주 주말에 회사 동기의 결혼식에 참석하거든. 그런데 축의금을 얼마 내야 할지 고민이 돼. 3만 원을 하자니 너무 적어 보이고, 5만 원을 하자니 너무 많은 것 같은데… 정말 어떻게 해야 할지 모르겠다.

정호: 그래? 그럼 5만 원을 내.

은주: 5만 원을 내는 게 더 나은 거 같아?

정호: 너 TV 프로그램인 〈개그콘서트〉 알지? 〈개그콘서트〉에 예전에 '애정남'이라는 코너가 있었어. '애매한 것을 정해주는 남자'라는 말을 줄인 건데, 그 '애정남'에서 축의금 액수를 정해줬었거든. 성수기에는 3만 원, 비성수기에는 5만 원을 내는 게 좋댔어.

은주: 아! 그래서 지금이 비성수기이니 5만 원을 내는 게 좋은 것 같다고 한 거구나. 그렇다면 만약 친한 친구인 경우는 어떡하지? 5만 원과 10만 원 사이에서 고민이 되더라고.

정호: 그것도 '애정남'에서 정해줬는데 친구 부모님이 내 이름을 아는지 여부에 따라 금액이 달라져. 친구 부모님이 내 이름을 알면 10만 원, 모르신다면 5만 원인 거지.

은주: 참 재밌다. 얘기해줘서 고마워.

'애정남'의 출연진이 MECE에 대해 알고 있었는지는 모르겠지만, 그들은 항상 주어진 문제에 대해 기준을 정했다. '기본 축의금 3만 원' 그리고 기준에 따라 축의금을 3만 원, 5만 원, 10만 원으로 구분한 후, 3만 원은 이럴 경우, 10만 원은 이럴 경우 등으로 설명했다. 정말 명쾌하고 머릿속에 쏙쏙 들어오지 않는가? '애정남'이 많은 시청자에게 인기 있었던 이유는 바로 이런 기준을 정하고, 그 기준에 따라 하나하나 구분하여 설명함으로써 시청자들이 쉽게 이해하고 공감을 할 수 있었기 때문일 것이다. 여러분도 지금부터라도 이를 연습하도록 하자.

사례연구

그럼… 내용을 종합해 볼 때

매일 고객들이 보내는 수십 건의 주문서를 처리하고, 상사의 지시문에 따라 보고서나 기획서 등을 작성하는 일을 하는 세일즈맨 P씨. 매일 벅차리만큼 늘어나는 주문서와 상사의 지시문, 보고서에 묻혀 사는 신세가 되었다.

그러던 P씨는 문서를 종류별로 체계적으로 정리하기로 결심하고 고객의 주문서 중 핵심 내용만 정리하여 요구 사항별로 그룹화하고, 상사의 지시문 중 중요한 내용만 간추려 메모하기 시작하였다. 그리고 정리한 내용은 필요한 동료에게 메일로 보내 주기도 하고, 자신이 보고서를 작성할 때에도 참고하기 시작했다.

그랬더니 점차 업무의 양이 많아지고, 고객의 주문서와 작성해야 할 보고서, 주어지는 공문과 메일 등이 늘어가도 당황하지 않고, 오히려 예전보다 빠른 속도로 문서의 내용을 이해하고 분류할 수 있게 되었으며, 보다 신속하게 업무를 처리할 수 있게 되었다.

– 한국산업인력공단 직업기초능력 의사소통능력 학습자용 워크북 p.51,
국가직무능력표준 홈페이지(http://www.ncs.go.kr)

교육적 시사점

- P씨는 문서의 내용을 요약하여 핵심 내용만 따로 발췌하고, 문서를 그룹핑하여 정리함으로써 업무의 효율성이 상당히 높아진다.
- 따라서 모든 문서의 핵심 내용은 별도로 정리하여 알아보기 편하게 보관하는 습관을 들여야 한다.

탐구활동

1. 탈 것을 MECE로 분류해 보자.

2. 우연히 사무실 바닥을 보니, 얼룩이 심하게 있다. 그냥 냅두려니 보기 흉해서 걸레로 닦아 보았더니 얼룩이 지워지지 않는다. 바닥에 있는 얼룩을 지우기 위하여 어떻게 할 것인가? 이를 피라미드 구조를 활용해 작성해 보자.

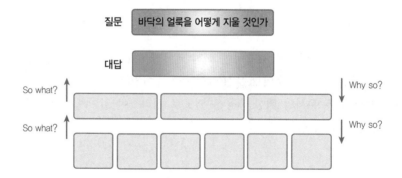

학습평가

정답 및 해설 p.218

1 다음 피라미드 구조에서 So what?, Why so?에 대해 기술하시오.

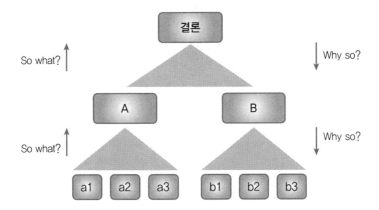

① So what?: _____

② Why so?: _____

※ (　　) 안에 알맞은 말을 채워 넣으시오. (2~3)

2 MECE는 메시지를 (　　), (　　) 없이 명확히 나누는 기술이다.

3 논리란 질문에 대한 (　　)와/과 결론을 지지하는 다수의 (　　)(으)로 이루어지며 다음의 요건을 만족시켜야 한다.

- 요건 1: 결론은 바로 질문에 대한 (　　)(이)어야 한다.

- 요건 2: 결론과 다수의 근거들 사이에는 'So what?'과 'Why so?'의 관계가 성립되어야 한다.

효과적인 문서작성 Tip

1. 내용 이해: 전달하고자 하는 내용과 그 핵심을 완벽히 파악해야 한다.

2. 목표 설정: 전달하고자 하는 목표를 정확히 설정해야 한다.

3. 구성: 효과적인 구성과 형식이 무엇인지를 생각해야 한다.

4. 자료 수집: 목표를 뒷받침해 줄 자료를 수집해야 한다.

5. 핵심 전달: 단락별 핵심을 하위 목차로 요약해야 한다.

6. 대상 파악: 대상에 대한 이해와 분석을 철저히 해야 한다.

7. 보충 설명: 질문을 예상하고 그에 대한 구체적인 답변을 준비해야 한다.

– 한국산업인력공단 직업기초능력 의사소통능력 학습자용 워크북 p.74.

국가직무능력표준 홈페이지(http://www.ncs.go.kr)

제4절 두괄식 표현

우리는 앞에서 피라미드 구조와 MECE에 대해 알아보았다. 그렇다면 이번에는 피라미드 구조와 MECE를 통합하여 문서를 작성해 보도록 하자.

앞서 말한 대로 피라미드 구조는 질문에 대한 대답(결론), 대답을 뒷받침하는 근거, 근거를 지원하는 사실들로 구성된다. 또한, 각 근거들과 사실들은 서로 MECE하게 구성되어야 한다.

왜 두괄식으로 표현을 해야 하는가? 상대방이 시간이 많고 느긋하다면 주저리주저리 한참을 말하여 궁금증을 유발한 후 마지막에 결론을 이야기해도 무방하다. 하지만 직장에서는 그렇지 않다. 상사에게 보고하는 사람이 자기 자신, 단 한 명만 있는 것이 아니다. 상사는 다른 사람으로부터도 보고 받을 게 많고, 결정지을 사안도 수두룩하다. 그렇기 때문에 한 명에게만 많은 시간을 내줄 수 없는 것이다. 그러므로 핵심부터 말해야 상사는 쉽게 이해하고 받아들일 수 있다.

그렇다면 어떻게 두괄식으로 표현할까? 이는 피라미드 구조를 그대로 이용하면 된다. 질문에 대한 대답인 핵심 또는 결론을 먼저 말하고, 결론에 도달하게 된 이유와 근거를 풀어나가면 되는 것이다.

- **결론**: 핵심적 주장 또는 질문에 대한 대답
- **주장의 이유**: 결론을 뒷받침하는 근거 ([그림 3-1]의 A와 B)
- **주장의 근거**: 근거를 구성하는 세부 내용들. ([그림 3-1]의 a1~a3, b1~b3)

법률 사건과 같이 주장을 명백히 하는 경우 다음의 사례와 같이 구성한다.

사례 ❶

> 원고가 주장하는 청구권의 내용은 피고의 폭행으로 인한 불법 행위 손해배상청구권입니다.
> 원고는 20XX, XX. XX 피고로부터 폭행을 당하여 전치 16주의 상해를 입었기에 손해배상을 청구합니다.
> 그 폭행의 상세 내용 및 증거 자료는 다음과 같습니다.

> **1. 폭행의 상세 내용**
>
> 원고는 20XX. XX. XX ○○ 사거리에 위치하고 있는 편의점 앞을 지나다 우연히 침을 뱉은 피고….
>
> **2. 폭행의 증거 자료**
>
> 피고 폭행의 증거 자료로 사진과 진단서를 제출하며, 목격자 김갑동의 진술서를 제출합니다.

이처럼 주장하는 바와 주장을 뒷받침하는 이유를 작성하게 되면 상대방이 이해하기가 아주 편하다.

사례 ❷

> 최고다 피트니스는 최근 매출이 감소하여 직원인 나 대리에게 경쟁사들의 동향을 분석하라고 지시하였다. 나 대리는 직접 팸플릿을 모으고, 경쟁사를 방문하여 상담을 통해 조사를 마쳤다.
>
> 첫 번째 경쟁사, 물개클럽은 올 여름 이후 회원 수가 크게 증가하여 매출이 상승했다. 물개클럽은 자신들의 강점인 수영장을 활용하여 임산부를 위한 수영반, 출산 후 자녀와 함께 할 수 있는 수영반을 운영하여 매출의 대부분을 차지하고 있다.
>
> 두 번째 경쟁사, 파이터 체육관은 입관 시 개별 회원의 체형과 체질을 분석하여 연간 트레이닝 계획을 통해 스스로 트레이닝할 수 있는 프로그램을 도입했고, 이는 퇴근 후 늦게 시간이 나는 직장인들을 중심으로 각광을 받고 있다. 게다가 주말마다 전문 트레이너가 개별적으로 트레이닝에 대한 점검을 실시하고 있다.
>
> 세 번째 경쟁사, 헬스센터는 고객의 건강 상태에 맞춰 의사와 트레이너가 개별 코스를 만들어 집중 지도를 해줌으로써 중장년층에 큰 인기를 끌고 있다. 이 프로그램으로 헬스센터는 매출이 급성장하고 매월 매출이 15% 이상씩 증가하고 있다.

앞에서 본 [사례 2]를 두괄식 표현으로 작성해 보면 다음과 같다.

[질문]

최고다 피트니스클럽 경쟁사의 현황은 어떠한가?

[결론]

경쟁사들은 고객 맞춤형 프로그램을 제공하여 매출이 증가하고 있다.

[근거]

- 물개클럽은 임산부를 대상으로 맞춤형 프로그램을 운영하고 있다.
  - 임산부 수영반
  - 엄마와 함께하는 수영반
- 파이터 체육관은 퇴근 시간이 늦은 직장인을 대상으로 셀프 트레이닝 프로그램을 운영하고 있다.
  - 회원별 연간 트레이닝 계획 수립
  - 주말마다 전문 트레이너 점검
- 헬스센터는 중장년층을 대상으로 건강에 맞춰 개별 코스를 제공하고 있다.
  - 의사와 트레이너가 개인별 집중 관리
  - 매월 15% 이상 매출 증가

나 대리에게 던져진 질문은 경쟁사의 동향을 분석하라는 것이기 때문에 그에 대한 나 대리의 대답은 "경쟁사들은 고객 맞춤형 프로그램을 제공하여 매출이 증가하고 있다."이어야 한다.

만약에 나 대리의 대답이 "경쟁사들이 고객 맞춤형 프로그램을 제공하여 매출이 증가하기 때문에 우리도 고객 맞춤형 프로그램을 제공해야 한다."라면 이것은 질문에 대한 대답이 아니다. 질문에 대한 대답은 "경쟁사들은 고객 맞춤형 프로그램을 제공하여 매출이 증가하고 있다."이어야 하며, "우리도 고객 맞춤형 프로그램을 제공해야 한다."라는 또 다른 대답은 "그럼 우리는 매출을 향상시키기 위해 어떻게 해야 하나?"라는 질문에 대한 대답이 되어야 한다.

상대방의 질문을 뛰어넘는 것은 상대방에게 혼란을 줄 수 있다. 따라서 우선 상대방의 질문에 대한 대답을 한 후, 그 다음 단계를 밟아 가야 한다.

모든 종류의 문서를 두괄식으로 작성할 수는 없다. 상대방을 설득해야 하는 경우에는 배경을 이야기하고 결론을 마지막에 말하는 것이 좋을 수 있다. 결론을 마지막에 말한다고 하더라도 결론에 도달하기 위한 근거들은 모두 피라미드 구조를 이루어야 하고 서로 MECE하게 구성되어 있어야 한다.

사례연구

이런 황당한 경우가?

웹 어플리케이션 서버와 이기종 컴퓨터 간 트랜잭션 처리를 통해 부하를 분산시키고 에러 발생 시 조치를 취하는 모니터링 프로그램을 만드는 회사에 재직 중인 L씨를 만났다.

"이사님. 지난 번 고객사에 새로 출시된 솔루션을 설명하러 갔다가 황당한 일을 당했습니다."

"네? 어떤 일을 당하셨나요?"

"한 시간 동안 제품에 대한 설명과 시연을 하기로 사전에 협의가 되었었습니다. 그래서 우리도 열심히 준비하고 시연용 시스템까지 구축하여 제품 설명회를 준비하였습니다. 제품 설명회를 진행하려는데 갑자기 고객사에서 15분 안에 끝내달라고 요청하지 뭐에요. 웹 어플리케이션 서버와 트랜잭션 처리에 대해 설명하려면 시간이 오래 걸리는데, 그걸 15분 안에 끝내 달라니 황당할 따름이었죠."

"갑자기 왜 그랬을까요?"

"모르겠어요. 회사 내 급한 일이 생겨서 자기들도 억지로 시간을 냈다고 하니 뭐라 할 수도 없고…"

"그럼 제품 설명회는 잘 끝내셨어요?"

"잘 끝내긴요. 준비해 간 시나리오가 모두 무산되면서 제대로 진행도 못했죠."

"그래서 제가 누누이 얘기하지 않았습니까. 항상 비즈니스맨이라면 어떤 상황을 대비하여 말하고자 하는 내용을 한 장으로 요약할 수 있어야 하고, 결론을 먼저 말하는 습관을 들여야 한다고요."

"그러게요. 이사님께서 항상 그렇게 얘기해 주셨는데. 그때만 해도 그게 필요할지 몰랐죠. 이제 저도 프레젠테이션과는 별도로 한 장으로 요약하는 습관을 들이도록 하겠습니다."

교육적 시사점

- 1시간짜리 제품 설명회를 준비했다고 하더라도 가장 핵심적인 내용만을 정리하면 그리 길지 않다.
- 언제 어떤 상황이 발생할지 모른다. 말하고자 하는 핵심을 맨 마지막에 말하게 되면 고객은 듣지 못하는 상황이 발생할 수 있다. 만약의 사태를 대비하여 핵심 내용을 한 장짜리로 정리하고, 결론을 처음에 말하는 습관을 들이도록 하자.

탐구활동

1. 【사례 2】를 읽고 이를 두괄식 표현으로 작성해 보자.

　　〈질문〉

　　〈결론〉

　　〈근거〉

2. 문서에서 왜 두괄식 표현이 필요한지 그 이유를 작성해 보자.

학습평가

정답 및 해설 p.218

1 다음은 두괄식 표현의 구성에 대한 내용이다. (   ) 안에 알맞은 말을 채워 넣으시오.

> • (   ): 핵심적 주장 또는 질문에 대한 대답
> • 주장의 이유: (   )
> • (   ): 근거를 구성하는 세부 내용들

2 다음 중 내용이 바르지 않은 것을 고르시오.
① 경우에 따라서는 질문에 어긋나는 대답을 결론으로 제시할 수 있다.
② 두괄식 표현은 피라미드 구조를 이용하여 작성한다.
③ 두괄식 표현은 결론을 먼저 이야기하는 것이다.
④ 두괄식 표현에서 결론을 뒷받침하는 근거들은 서로 MECE하여야 한다.

3 다음 중 내용이 올바른 것을 고르시오.
① 모든 문서는 반드시 두괄식으로 작성해야 한다.
② 질문에 대한 대답을 지지하는 근거들은 상호 배타적이어야 한다.
③ 질문에 대한 대답을 지지하는 근거들의 개수는 많으면 많을수록 좋다.
④ 상대방을 설득하기 위하여 두괄식 표현을 사용하는 것이 좋다.

문서표현의 시각화

문서를 구성하는 방법은 크게 세 가지로 나눌 수 있다.

1. 차트 표현: 개념이나 주제 등을 나타내는 문장 표현, 통계적 수치 등을 한눈에 알아볼
   수 있게 표현하는 것
2. 데이터 표현: 수치를 표로 나타내는 것
3. 이미지 표현: 전달하고자 하는 내용을 그림이나 사진 등으로 나타내는 것

이러한 표현 방법은 모두 문서를 보다 효과적으로 나타내기 위한 시각화 방법으로, 간결
하게 잘 표현된 그림 한 장이 한 페이지의 긴 글보다 훨씬 효과적이다.

문서를 시각화하는 네 가지 포인트

시각 자료는
1. 보기 쉬워야 한다.
2. 이해하기 쉬워야 한다.
3. 다채롭게 표현되어야 한다.
4. 숫자는 그래프로 표시한다.

– 한국산업인력공단 직업기초능력 의사소통능력 학습자용 워크북 pp.78~79.
국가직무능력표준 홈페이지(http://www.ncs.go.kr)

제5절 올바른 글쓰기

고객 지향식 마인드로 무장하고 구조적 사고를 하며 두괄식으로 문서작성을 하였더라도 문서를 올바르게 작성하지 못하면 의미가 없다.

문서를 잘 작성하기 위해서는 문서의 제목을 신중히 짓고, 읽기 편하게 단문으로 작성해야 한다. 또한, 내용을 같거나 비슷한 비중으로 서로 묶어 줘야 하고, 마지막으로 명확히 표현해야 한다.

1 제목의 중요성

브랜스 포드와 존슨은 제목의 중요성에 대한 실험을 위해 한 집단은 글을 읽기 전에 제목을 알려 주고, 다른 집단은 글을 읽은 뒤에 제목을 알려 주었다. 그 후 두 집단의 이해도와 기억력을 테스트하였다.

실험 결과 첫 번째 집단이 두 번째 집단보다 두 배 정도 내용을 잘 기억하는 것으로 나타나, 제목을 알고 읽으면 내용에 대한 이해도가 높아진다는 것을 밝혔다.

보고서나 문서를 상사에게 가져가면 가끔 이런 말을 하는 상사가 있다. "제발, 제목만 읽어도 내용을 알 수 있게 해줘. 이걸 언제 다 읽어?" 즉, 제목은 대충 작성하는 것이 아니라 문서의 내용을 포괄적으로 표현할 수 있어야 하는 것이다.

'내가 무엇을 위해 어떠한 문서를 작성했는가?'에 대한 대답이 바로 제목이다. 제목은 문서를 작성한 목적과 범위가 포함되어 있어야 한다. 목적은 일반적으로 '~을 위해'로 표현되고, 범위는 '어떠한 문서를 만들려고 하는가?'에 해당하는 내용이다.

사례 ❶

예전 모 대기업에서 자회사 간 분산되어 있는 회원 정보와 포인트를 통합하여 하나의 사이트에서 운영하고자 하였다. 몇 개의 IT 업체들이 프로젝트에 참여하기 위하여 제안 발표회를 하기 전이었다.

참가 업체 중 한 회사에서 자신들이 작성한 제안서를 검토해 달라는 요청이 왔다. 그 업체가 작성한 제안서를 보니 제목은 'X기업 시스템 통합 구축 제안서'였다. 제목으로는 무난하고 일반적인 제목이었다. 담당자에게 다음과 같이 질문하였다.
"이 기업에서 왜 자회사 간 분산된 시스템을 통합하려는 걸까요?"

IT 업체 담당자가 대답했다.
"마케팅을 하나로 통합하여 시너지 효과를 내려는 것 같습니다."
"아, 그러면 이 프로젝트의 목적은 통합 마케팅을 위해서네요?"
"네, 그렇습니다."

위 사례에서 프로젝트의 목적은 '통합 마케팅'이다. 또한, 범위는 '분산된 시스템을 통합하는 것'이다. 그렇다면 여러분은 제목을 어떻게 지을 것인가? '통합 마케팅을 위한 시스템 구축 제안서'로 하면 발주처가 원하는 내용을 제목에 포함하여 "아, 이 업체는 통합 마케팅을 전제로 시스템을 구축하려고 하는구나."라고 마음을 열게 된다.

프로젝트를 시스템 통합에만 맞추는 것과 마케팅을 목적으로 시스템을 통합하는 것은 비슷한 내용인 것 같지만 포커스를 시스템에 맞추느냐, 마케팅에 맞추느냐에 따라 결과물은 천지차이이다. 쉽게 생각하면 엔지니어 주도로 만든 스마트폰과 마케터 주도로 만든 스마트폰의 차이와 같다. 요즘은 개인 블로그나 카페 또는 SNS 활동을 많이 한다. 사람들의 관심을 끌기 위해서는 제목이 자극적이어야 한다. 온라인 포털 사이트에 게재되는 신문 제목을 보면 한결같이 자극적이다.

하지만 비즈니스 글쓰기는 달라야 한다. 자극적이기만 해서는 안 된다. 제목은 반드시 목적과 범위를 포함하여 함축적으로 작성해야 한다.

2 단문으로 작성

복문, 중문으로 구성된 긴 문장은 여러 개의 단문으로 변경해야 한다. 문장이 길면 길수록 이해하기가 쉽지 않다. 비즈니스 문서는 문학 작품이 아니다. 단문으로 작성한 글은 상대적으로 유치해 보이지만, 단문만큼 이해하기 편한 문장이 없다. 다음 사례를 보자.

사례 ❷

> 우리 회사는 지금까지 홍보에 많은 노력을 기울였으나, 상대적으로 노출 빈도가 낮아 효과가 떨어지고 있으므로 그에 대한 대책으로 인터넷 광고 및 SNS 활동을 적극적으로 해야 합니다.

앞에서 본 사례는 회사의 마케팅을 담당하는 실무자가 작성한 문서에서 발췌하였다. 위 글은 한 문장으로 이루어져 있다. 주어는 '우리 회사는'이고 동사는 '~해야 합니다'이다. 하지만 주어와 동사 사이가 너무 멀고 중간에 많은 단어들이 나열되어 있다. 비즈니스 문서 작성을 위해 이 사례를 단문으로 바꾸면 다음과 같다.

> 우리 회사는 지금까지 많은 홍보 활동을 펼쳐 왔습니다. 그러나 매체 노출 빈도가 낮아 효과가 떨어지고 있습니다. 그 대책으로 우리 회사는 인터넷 광고와 SNS 홍보활동을 적극적으로 펼쳐야 합니다.

이는 좀 더 이해하기 편하도록 하고 '노출 빈도'라는 부분의 뜻을 명확하게 하기 위해 '매체 노출 빈도'로 바꿨다. '그에 대한 대책으로'를 '그 대책으로'로 변경하여 좀 더 읽기 편하게 만들었다. 마지막 문장의 경우 읽으면 주어가 없어도 당연히 우리 회사가 주어라고 생각할 수 있지만, 자칫 오해를 불러일으킬 수 있다. 본 문서는 기안서이기 때문에 마지막 문장의 주어를 삽입하였다.

단문으로 수정한 글을 읽으면 좀 더 이해하기 편하지 않은가? 비즈니스 문서작성을 위해 추상적인 단어보다는 구체적인 단어를 사용하고, 복문·중문보다는 가급적 단문을 작성해야 한다는 것을 절대 잊지 말자.

3 그룹화: 유사한 것, 비중이 비슷한 것끼리 묶어라

앞에서 설명한 구조적 사고방식에서 첫째, 둘째, 셋째로 나누어 말하는 연습을 하라고 추천했었다. 'D에 영향을 미치는 요인으로는 A가 있고, B도 있고, C도 있다'라고 작성하면 읽는 사람은 머리가 아프기 시작한다.

> 다음은 D에 영향을 미치는 요인들이다.
> 첫째, A
> 둘째, B
> 셋째, C

이런 식으로 작성해야 이해하기 편하다. 여기서 주의해야 할 점이 있다. D에 영향을 미치는 A, B 그리고 C가 서로 중복되지 않고, 비중이 유사하거나 같아야 한다는 점이다.

"아빠는 나와 게임을 좋아한다." 이 문장은 틀린 곳이 없어 보인다. 하지만 나와 게임이 서로 같은 비중을 갖는가? 전혀 아니다. and의 앞과 뒤는 서로 비중이 유사하거나 같아야 한다. '사과, 포도, 그리고 딸기'는 맞는 표현이지만 '사과, 포도 그리고 과일'은 잘못된 표현이다. 다음 사례를 살펴보자.

사례 ❸

> 실내 건축 공사업을 등록하려고 하면 일단 사무실을 구하고, 최소 자본금 2억 원을 납입자본금으로 하여, 법인을 설립하고 법인 통장에 2억 원을 등록증이 발급 나올 때까지 보유하고, 기술자 2인 이상을 직원으로 보유하셔서 4대 보험을 가입시켜 놓고, 전문건설공제조합에 법인 통장에 들어있는 자본금 2억 원 중에서 5,000만 원(25%) 정도를 출자하면 됩니다.

앞에서 제시한 사례를 고치면 다음과 같다.

실내 건축 공사업을 등록하기 위해서는 다음과 같은 요건들이 충족되어야 합니다.

첫째, 최소 자본금 2억 원으로 사무실 오픈. 등록증 발급까지 자본금 유지

둘째, 기술자 2인을 직원으로 등록 후 4대 보험에 가입

셋째, 자본금 2억 원 중 5,000만 원(25%) 정도 전문건설공제조합에 출자

앞에서 나온 내용에서 첫째, 둘째, 셋째는 모두 공사업을 등록하기에 반드시 충족되어야 할 비슷한 비중의 항목들이라 나눌 수 있었다.

◢ 명확한 표현

가끔씩 결재 서류들을 보면 'A, B, C 등으로…'라고 작성되어 있는 경우들이 많다. 이럴 때 '이게 뭐야? 등에 해당되는 말을 내가 알아서 해석하란 건가? 아님 이 사람이 찾기 싫어서 이렇게 쓴 건가?'라는 생각이 든다.

A, B, C 외에 빠진 요소들이 있는가에 대해 정말 열심히 생각해야 한다. 더 이상 없으면 A, B, C가 되는 것이다.

또한 '경쟁사에 비해 가격이 저렴하기 때문에…'라는 문장은 읽는 사람을 힘들게 한다. 도대체 가격이 저렴하다는 기준은 무엇인가? 제품에 따라 다르지만 그 기준은 몇 십 원부터 몇 백 만 원 또는 몇 천 만 원까지 될 수도 있다. 즉, 저렴하다는 것을 정확히 표현해 줘야 한다. "경쟁사에 비해 20% 가격이 저렴하다."라고 작성해야 문서를 읽는 사람이 저렴한 정도를 체감할 수 있다.

2003년에 개봉한 〈황산벌〉이란 영화를 보면 신라군이 백제군의 전략을 캐기 위해 첩자를 보낸다. 첩자가 돌아와 김유신 장군에게 다음과 같이 백제군의 말을 그대로 전한다. "아따, 거시기 해서 거시기하고, 거시기하면 되겠네."

대부분 거시기로 시작해서 거시기로 끝났다. 첩자의 보고를 들은 김유신 장군은 미칠 지경이다. 도대체 거시기가 뭐란 말인가?

즉, 문서를 작성할 때 모호한 표현을 제외하고 명확한 표현을 하여 정확한 의사를 전달하도록 해야 한다.

사례연구

제갈량 출사표

나관중의 소설 《삼국지》에는 제갈량(제갈공명)의 출사표가 나온다. 〈위키문헌〉을 참고하여 그 내용을 살펴보면 다음과 같다.

선제께서 통일 후 중도에서 돌아가시고 이제 천하가 셋으로 나뉘게 되는데, 익주가 오랜 싸움으로 지쳐 있으니 이는 정말 위급하여 흥망이 달려 있습니다.
모시는 신하들과 장수들이 게으르지 않고 충성스러우니 이는 선제의 특별한 은혜에 감사하여 이를 폐하에게 갚고자 함입니다.
진정으로 말씀드리오니 폐하의 귀를 여시어 선제께서 끼친 덕을 더욱 빛나게 하시며 뜻있는 선비들의 의기를 더욱 넓히고 키우셔야 합니다.
스스로를 덕이 없고 재주가 모자르다고 함부로 단정하여서는 아니 되며, 옳지 않은 비유로 의를 잃으셔서 충성된 간언이 들어오는 길을 막으셔도 아니 되옵니다. …

신은 원래 벼슬이 없는 평민으로 남양에서 밭을 가는 농민이었습니다.
혼란스러운 세상에서 목숨이나 부지하며 살아갈 뿐 조금이라도 제후의 귀에 들어가 그들에게 쓰이게 되기를 바라지 않았습니다.
선제께서 신의 하찮음을 꺼려 하지 않으시고, 친히 신의 오두막 집을 세 번이나 찾으시어 당시 세상에서 해야 할 일을 물으셨습니다. 이에 감격한 신은 선제를 위해 온 몸을 다하였습니다. …
아름다운 말은 살피시어 받아들이시고 선제께서 남기신 가르침을 마음깊이 새기소서.
신은 받은 은혜에 감격하여 이제 먼 길을 떠나기 위하여 표문을 올리려니 눈물이 나 더 말할 바를 알지 못하겠습니다.

교육적 시사점

- 출사표는 제갈량이 촉한의 황제였던 유비의 사망 이후 위나라와의 결전을 다짐하고 직접 출병을 하기 위해 2대 황제 유선에게 올린 글이다.
- 우국충정이 넘치는 제갈량의 출사표는 동서고금을 막론하고 가장 뛰어난 것으로 평가받고 있다.

탐구활동

1. 제목에는 목적과 범위가 포함되어 있어야 한다. 자신이 최근 작성한 문서의 제목을 적어 보고, 그 제목에 목적과 범위가 명확히 제시되어 있는지 작성해 보자.

〈최근에 작성한 제목〉

〈목적과 범위를 포함시켜 다시 작성한 제목〉

2. 【사례 1】을 읽고 이 글의 제목을 작성해 보자.

3. 【사례 2】를 읽고 이를 단문 위주로 작성해 보자.

정답 및 해설 p.219

학습평가

※ (   ) 안에 알맞은 말을 채워 넣으시오. (1~2)

1 제목은 문서를 작성한 (   )와/과 (   )이/가 포함되어 있어야 한다. 목적은 일반적으로 '(   )'(으)로 표현되고, 범위는 '어떠한 문서를 만들려고 하는가?'에 해당하는 내용이다.

2 문서를 잘 작성하기 위해서는 문서의 (   )을/를 신중히 짓고, 읽기 편하게 (   )(으)로 작성해야 하며, 내용을 같거나 비슷한 비중으로 서로 묶어 줘야 하고, 마지막으로 (   ) 표현해야 한다.

3 다음 중 문장이 가장 어색한 것은?

① 아빠는 엄마와 나를 사랑한다.
② 엄마는 유채꽃과 벚꽃을 좋아한다.
③ 나는 사과는 좋아하지만 수박은 싫어한다.
④ 나는 토마토도 좋아하고 채소도 좋아한다.

Tip

문서작성의 원칙

1. 문장을 짧고, 간결하게 작성하도록 한다
의미 전달에 문제가 없다면 가능한 문장을 짧게 만들고, 문장 표현에서 지나친 기교를 피하여 실질적인 내용을 담을 수 있도록 한다.

2. 상대방이 이해하기 쉽게 쓴다
우회적인 표현이나 현혹적인 문구는 되도록 쓰지 않도록 하여야 한다.

3. 한자의 사용을 자제해야 한다
문서 의미의 전달에 그다지 중요하지 않은 경우에는 한자 사용을 자제하도록 하며, 상용 한자의 범위 내에서 사용하는 것이 상대방의 문서이해에 도움이 될 것이다.

4. 간결체로 작성한다
문장을 표현할 때, 가능한 간결체를 사용하여 의미 전달이 효과적이 되도록 한다. 행과 단락을 적절하게 배분하여, 문서가 체계적이 되도록 한다. 또한, 내용에 따라 행과 단락을 알맞게 바꾸도록 한다.

5. 긍정문으로 작성한다
부정문이나 의문문의 형식은 되도록 피하도록 한다.

6. 간단한 표제를 붙인다
문서의 내용을 일목요연하게 파악할 수 있도록 간단한 표제를 붙이는 것이 내용을 이해하는 데 도움을 준다.

7. 문서의 주요한 내용을 먼저 쓰도록 한다
직장생활에서 문서작성의 핵심은 결론을 먼저 쓰도록 하는 것이다.

– 한국산업인력공단 직업기초능력 의사소통능력 학습자용 워크북 p.73,
국가직무능력표준 홈페이지(http://www.ncs.go.kr)

학/습/정/리

1. 직장인이 작성하는 문서는 치열한 경쟁 상황에서 상대를 설득하거나 조직의 의견을 전달하는 공적인 문서이다. 따라서 다음과 같은 구성 요소를 갖추어야 한다.

   1) 품위 있고 짜임새 있는 골격

   2) 객관적이고 논리적이며 체계적인 내용

   3) 이해하기 쉬운 구조

   4) 명료하고 설득력 있는 구체적인 문장

   5) 세련되고 인상적이며 효과적인 배치

2. 올바른 문서작성은 성공적인 보고로 이어져 결국 직장인으로서 인정을 받는 좋은 기회를 얻게 된다. 생각과 의견을 정확히 표현하는 문서를 작성하기 위해서는 자신이 작성한 문서를 읽는 사람이 누구인가를 파악하는 '고객 지향식 마인드', 자신의 생각을 논리적으로 풀어나가기 위한 '구조적 사고 방법', 핵심을 먼저 말하는 '두괄식 표현'과 '올바른 글쓰기' 방법에 대해 익숙해져야 한다.

3. 고객 지향식 마인드는 상대방의 성향에 대해 명확히 파악하여 자신이 작성한 문서를 읽게 만들고 상대방의 마음에 '무엇을 남기고' '어떤 반응을 유도'할 것인가를 고려하는 것을 의미한다.

4. 피라미드 구조는 주요하고 핵심적인 생각(결론)을 나열한 후 주된 생각을 뒷받침하는 구체적이고 부연적인 생각(근거 자료)을 제시하는 것이다. 결론과 근거 자료 사이는 'So What?', 'Why So?'라는 관계로 이루어진다.

5. 두괄식 표현은 질문에 대한 대답인 핵심 또는 결론을 먼저 말하고, 결론에 도달하게 된 이유와 근거를 나열하는 것이다. 두괄식 표현은 핵심을 먼저 말하기 때문에 이해가 쉽고 설명하는 시간이 절약된다.

6. 문서의 제목은 '내가 무엇을 위해 어떠한 문서를 작성했는가?'를 표현한 것이다. 즉, 제목은 문서를 작성한 목적(무엇을 위해)과 범위(어떠한 문서)가 포함되어 있어야 한다.

NCS
직업기초능력평가

의사
소통
능력

경청능력

제**4**장
경청능력

제1절 경청의 기본 개념
제2절 효과적인 경청

▶▶ 학습목표

구분	학습목표
일반목표	경청의 개념과 중요성을 확인하고, 업무 수행 상황 및 대상에 따라 실천할 수 있는 능력을 기를 수 있다.
세부목표	1. 경청의 개념과 중요성을 설명할 수 있다. 2. 올바른 경청을 방해하는 요인을 설명할 수 있다. 3. 효과적인 경청 방법을 설명할 수 있다. 4. 경청 훈련을 통하여 올바른 경청법을 실천할 수 있다.

▶▶ 주요 용어 정리

경청

다른 사람의 말을 주의 깊게 들으며 공감하는 능력이다.

경청의 방해 요인

원활한 의사소통을 하지 못하게 만드는 요인으로 인간적 요인, 조직 구조적 요인, 사회문화적 요인들이 있다.

효과적인 경청 방법

비언어적 의사소통은 언어적 의사소통 과정을 보다 효과적으로 진행시키는 데 도움을 줄 수 있으며, 언어적 의사소통만으로는 표현하기 어려운 복잡하고 미묘한 감정이나 태도 등을 전하는 데 유용하다.

제1절 경청의 기본 개념

존 맥스웰 박사는 한 리더십 대중 강연에서 "지도자는 말하기보다는 잘 들어야 한다."라며 지도자가 되는 필수 덕목으로 경청을 든 적이 있다. 윌슨 전 미국 대통령도 "리더의 귀에는 반드시 사람들의 목소리가 들려야 한다."라고 하였다.

삼성의 이건희 회장은 아버지인 이병철 전 회장으로부터 경청(傾聽)이라는 휘호를 받았으며, 그것을 자신의 아들인 이재용 씨에게 대물림하여 화제가 되었다. 또한, 이건희 회장은 "말을 배우는 데는 2년이 걸리지만, 침묵을 배우는 데는 60년이 걸린다. 경청은 백 마디 말보다 강하다."라고 경청의 중요성을 강조했었다.

이처럼 많은 석학이나 경제인이 경청의 중요성에 대해 말하고 있다. 경청의 중요성을 말하는 것은 다르게 생각하면 대부분의 사람들이 이것을 제대로 실천하지 못하고 있다는 말이 아닐까?

경청능력을 향상시킬 수 있도록 경청의 개념과 경청의 중요성에 대해 알아보도록 하자.

1 경청의 개념

세상에는 말 잘하는 사람들이 너무 많다. 국민 MC, 스타 명강사, 언론인 등 이들은 소위 말하는 '대화의 달인'들이다. 그렇다면 대화의 달인은 도대체 어떤 사람을 의미하는 것일까?

언젠가 TV에서 한 방송인이 "여자의 마음을 사로잡는 비법은 무조건 뒷말을 따라하는 것이다."라고 말한 적이 있다.

그 방송인의 말에는 "여자의 말을 잘 듣고, 적극적으로 듣고 있다는 것을 보여줘라."라는 메시지가 담겨 있다. 즉, 경청의 중요성을 의미하는 것이다.

그렇다면 경청이란 무엇인가? 경청은 다른 사람의 말을 주의 깊게 들으며, 공감하는 능력이다. 경청 태도가 좋으면 상대방으로부터 신뢰를 얻을 수 있다. 자신의 말을 잘 들어주는 사람을 그 누가 싫어하겠는가?

사례

가깝고도 먼 거리

미국의 제44대 대통령인 버락 오바마는 상원의원 시절부터 블랙베리를 손에 놓지 않는 것으로 유명했다. 블랙베리는 캐나다에 본사를 두었으며 과거 이름이 '리서치인모션(RIM)'이었던 스마트폰 제조 업체인 '블랙베리'의 대표 스마트폰이다. 블랙베리는 2008년, 당시 대통령 초선에 당선된 오바마 열풍에 힘입어 전 세계적으로 사랑을 받았었다.

그 당시 해외 출장 중이던 나는 현지에서 많은 도움을 주신 한국 분께 감사의 인사를 하고 싶었고, 그때 마침 그분이 블랙베리를 갖고 싶어 하셔서 큰맘 먹고 그분께 블랙베리를 선물하였다.

몇 개월 뒤 다시 그 나라를 방문하게 된 나는 또다시 그분을 만나게 되었다. 카페에 앉아 이런저런 이야기를 하려는데 도저히 대화가 되지 않았다. 그분이 이야기 도중 계속해서 다른 사람과 메신저로 이야기를 하는 바람에 나와의 대화에 집중하지 못한 것이다.
몹시 씁쓸해진 나는 그분께 한 마디 했다.

"선생님과 저는 테이블을 마주하고 앉아 있는데, 선생님께서는 가까운 저보다 더 멀리 계신 다른 분과 대화를 많이 하시는군요. 저와의 거리는 가깝지만 오히려 더 멀어진 것 같습니다."

요즘 카페에 가 보면 많은 사람들이 맞은편에 일행이 있어도 휴대폰을 손에 들고 있다. 같은 테이블에 앉아 있지만, 각자 휴대폰을 보며 열심히 문자를 입력하고 있는 것이다. '저 사람들은 메신저로 이야기하나?'라는 생각이 들 정도이다.

회의 시간에도 가끔씩 울리는 휴대폰의 알림음이 회의에 지장을 주는 경우가 많아 자기 자리에 휴대폰을 두고 오기로 정한 적도 있다.

대화를 나누다 보면 눈을 마주치고 말 한마디 한마디에 맞장구나 리액션을 하는 직원이 있다. 그러면 안 되겠지만 왠지 그 직원에게는 정이 가고, 그 직원이 큰 실수를 저질러도 용서가 된다. 하지만 이야기 도중에 딴짓을 하고 듣는 둥 마는 둥 하는 직원은 아무리 사소한 실수를 했더라도 용서가 안 된다. 이게 바로 경청의 힘인 것이다.

국립국어원 표준국어대사전에서는 경청의 정의를 '귀를 기울여 들음'이라고 했다. 경청(傾聽)에서 청(聽)이란 글자를 보면 눈(目), 귀(耳), 마음(心), 왕(王)이 있다.

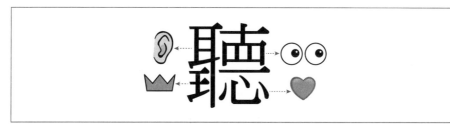

| 그림 4-1 | **청(聽)의 한문 풀이**

따라서 경청은 '귀로는 듣고, 눈으로는 상대방을 보고, 상대의 말을 마음으로 받아들이고, 상대를 왕처럼 받들어라'라는 뜻이라고 볼 수도 있다.

2 경청의 중요성

대다수의 성공한 사람들이 경청의 중요성에 대해 강조하고 있다. 피터 드러커는 "경청은 기술이 아니다. 경청은 절제며 겸손이다. 경청한다는 것은 자신에게 무언가 부족하고, 남들에게 배울 것이 있음을 드러내는 것이다. 조언, 자문, 컨설팅이란 문제해결의 성격을 띠지만 사실은 고객 스스로 문제점을 도출하여 해결하도록 돕는 기술이고, 가장 중요한 전제 조건은 열심히 들어 주는 것이다. 그러면 고객은 열심히 이야기를 할 수 있고, 그 과정에서 스스로 해법을 찾는 것이다. 내가 무슨 말을 했느냐가 중요한 게 아니라 상대방이 무슨 말을 들었느냐가 중요하다. 커뮤니케이션에서 내가 한 말은 별로 중요하지 않다. 그보다는 상대가 무슨 말을 어떻게 들었는지가 훨씬 중요하다."라고 말했다. 스티븐 코비의 《성공하는 사람의 7가지 습관》과 《성공하는 사람의 8번째 습관》에서는 "성공하는 사람과 그렇지 못한 사람의 대화 습관에는 뚜렷한 차이가 있다. 그 차이점이 무엇인지 단 하나만 꼽으라고 한다면, 나는 주저 없이 '경청하는 습관'을 들 것이다. 우리는 지금껏 말하기, 읽기, 쓰기에만 골몰해 왔다. 하지만 정작 우리의 감성을 지배하는 것은 '귀'다. 경청이 얼마나 주요한 능력인지, 그리고 우리가 어떻게 경청의 힘을 획득할 수 있는지 알아야 한다."[9]라고 말한다.

원활한 의사소통을 하기 위해서는 자신의 말도 중요하지만 상대방의 말도 중요하다. 일방적으로 자기의 말만 하고 끝내면 그것은 효과적인 의사소통이라고 볼 수 없다. 자신의 말만큼이나 상대방의 말도 중요하다. 상대방의 말을 제대로 듣지 않으면, 결코 그 사람은 나에게 마음을 열지 않을 것이다.
대화를 하다보면 나도 그와 관련된 얘기를 해야 할 것 같을 때가 있다. 이때 언제 이야기를 해야 할지 타이밍을 잡으려고만 하면 결국 상대방의 이야기를 제대로 듣지 못한다. 상대방이 모르는 것 같지만, 딴 생각을 하고 있는 것은 눈치채기가 참 쉽다. 이렇게 되면 결국 제대로 된 의사소통이 이루어지지 않는다.
의사소통에서 가장 기본이자 핵심이 되는 것이 바로 경청이다. 듣고만 있는 것이 아니라 열심히 들어주어야 한다.

사례연구

어느 유명 프렌치 레스토랑의 몰락

유명 프렌치 레스토랑의 오너인 온유한 사장은 레스토랑 2호점을 개점하기로 결정했다. 온유한 사장은 2호점 준비에 매달리면 레스토랑 운영에 지장을 줄 수도 있을 거라는 생각에 수석 지배인을 영입하기로 결정했다. 얼마 후 여러 명의 후보자 중 대형 프렌차이즈 레스토랑을 성공적으로 운영한 경력이 있는 나불통 씨가 레스토랑 수석 지배인으로 확정되었다.

수석 지배인으로 취임한 나불통 씨는 레스토랑의 운영 시스템을 하나하나 본인 방식에 맞게 바꾸어 나갔다. 하지만 나불통 씨의 의사소통 방식이 일방적이고 권위주의적인 탓에 종업원들은 무조건 나불통 씨의 말을 따라야 했고, 나불통 씨에게 반박 의견을 피력할 기회조차 갖지 못했다.

하지만 이런 상황을 몰랐던 온유한 사장은 날로 늘어나는 매출만 믿고 나불통 씨를 전적으로 신임하게 되었다. 얼마 후 나불통 씨는 수익을 높이겠다는 이유로 비용 절감을 단행하겠다고 선포했고, 이로 인해 근무 환경이 열악해진 종업원들은 결국 불만이 폭발해 업무 의욕을 잃고 말았다.

의욕을 잃은 종업원들로 인해 레스토랑의 서비스와 음식 맛은 형편없어졌고, 고객의 불만도 점차 증가해 결국 온유한 씨의 귀에까지 레스토랑에 대한 혹평이 들어가고 말았다. 놀란 온유한 사장은 나불통 씨를 만나러 급히 레스토랑으로 향했다. 온유한 사장이 레스토랑에 들어선 순간 종업원들이 뛰쳐나왔다. 그들은 온유한 사장에게 불만을 토로했고, 몇몇은 사표를 제출하고 레스토랑을 나가버렸다.

교육적 시사점

조직 내에서 유연한 의사소통과 상향적 의사소통이 활발할수록 그 조직은 더욱 성장할 수 있으며, 더불어 구성원의 이야기를 잘 들어 주는 경청의 자세가 중요하다는 것을 유념해야 한다.

---

9) 출처: 한국산업인력공단 직업기초능력 의사소통능력 학습자용 워크북 pp.85~86 부분 발췌, 국가직무능력표준 홈페이지 (http://www.ncs.go.kr)

탐구활동

1. 【사례연구】를 읽고 다음 질문에 대한 생각을 작성해 보자.

〈레스토랑의 의사소통 분위기가 서비스와 음식의 품질에 미치는 영향〉

〈온유한 사장이 수석 지배인과 종업원 간의 의사소통 문제를 해결할 수 있는 방법〉

〈자신이 수석 지배인이라면 모색할 유연한 의사소통, 상향적 의사소통 방법〉

2. 다음 체크리스트[10]를 통해 자신의 경청 정도가 어느 정도인지 점검해 보고, 올바른 경청을 위하여 자신에게 필요한 능력이 어떤 것인지 생각해 보자.

내용	전혀	가끔	거의	항상
1. 나는 화자를 방해하지 않고 자신의 생각을 표현하도록 한다.	1	2	3	4
2. 나는 상대방이 말하는 모든 것을 듣기를 원한다.	1	2	3	4
3. 나는 중요한 사실을 기억하는 능력을 가지고 있다.	1	2	3	4
4. 나는 메시지의 가장 중요한 세부 사항을 기록한다.	1	2	3	4
5. 나는 비록 따분하기는 하지만 화자의 말을 듣는다.	1	2	3	4
6. 나는 듣고 있을 때는 주위의 산만한 분위기를 무시한다.	1	2	3	4
7. 나는 화자의 말을 진심으로 듣고 있음을 표현한다.	1	2	3	4
8. 나는 다른 사람의 말에 동의하지 않더라도 들어 준다.	1	2	3	4
9. 나는 화자의 다음 말을 예측하면서 공상을 피한다.	1	2	3	4

① 30점 이상: 상대방의 말을 효과적으로 듣는 사람이다.

② 20점~29점: 좋은 청취자이기는 하지만 앞으로 더 개선할 점이 있다.

③ 10점~19점: 개선이 필요하다. 경청기술을 개발하기 위한 기법을 적극적으로 학습해야 한다.

학습평가

정답 및 해설 p.219

1   경청에 대한 설명으로 적절하지 않은 것을 고르시오.

① 경청은 대화의 과정에서 상대방으로부터 나에 대한 신뢰를 얻는 방법 이다.

② 대화 중 자신의 얘기만 일방적으로 늘어놓는 태도를 삼가야 한다.

③ 경청은 어떤 사람에게 호감을 느끼게 만드는 힘까지는 갖고 있지 못 하다.

④ 상대방이 이야기를 하고 있는 상황에서 머릿속으로 자신이 하고 싶은 이 야기를 꺼낼 타이밍만 찾으려는 태도는 지양해야 한다.

2   (   ) 안에 알맞은 말을 채워 넣으시오.

경청은 다른 사람의 말을 (   ) 듣고, (   )하는 능력이다.

3   [사례연구]를 읽고 나불통 수석 지배인에 대한 설명으로 바르지 않은 것을 고르 시오.

① 나불통 수석 지배인은 하향식 의사소통을 한다.

② 나불통 수석 지배인은 수평식 의사소통을 한다.

③ 나불통 수석 지배인은 경직된 의사소통을 한다.

④ 나불통 수석 지배인은 유능하지만 직원과의 관계가 좋지 않다.

10) 출처: 한국산업인력공단 직업기초능력 의사소통능력 학습자용 워크북 p.84, 국가직무능력표준 홈페이지(http://www.ncs. go.kr)

안드로이드와 삼성

2003년 안드로이드를 창업한 앤디 루빈은 2년 뒤인 2005년에 회사를 구글에 매각하였다. 안드로이드를 인수한 구글의 안드로이드 OS는 아이폰의 iOS를 능가하는 최고의 모바일 OS가 되었다.

앤디 루빈은 모바일 OS를 개발해 무료로 공급하겠다는 아이디어로 안드로이드를 창업하였다. 그는 통신사들과 휴대폰 제조업체들에게도 자신의 아이디어를 팔기 위하여 여러 번 시도하였다. 하지만 그 당시 모바일 업계는 이미 수익성이 보장되어있는 상태라 새로운 비즈니스 모델을 고려하려고 하지 않았다. 앤디 루빈은 삼성에 아이디어를 제안하기 위해 자비를 들여 한국에 방문하였다.

앤디 루빈과 동료들은 회의실로 들어가 프레젠테이션을 했다. 그 당시 앤디 루빈의 회사 직원은 8명, 삼성은 OS를 위하여 2,000명의 개발자를 투입하고 있었다. 결국 앤디 루빈은 삼성에 자신의 아이디어를 팔지 못하게 되었다. 그로부터 1년 뒤 구글에게 인수된 안드로이드 OS는 애플을 제외한 전 세계 휴대폰 제조업체가 사용하는 OS로 성장하게 되었다.

역사에 만약이라는 것은 없다. 하지만 2004년 당시 실리콘 밸리에 있던 작은 회사의 호소를 간과하지 않고 잘 들었다면 안드로이드는 삼성의 OS가 되었을 것이다.

제2절 효과적인 경청

경청은 기술이 아니다. 경청은 태도이다. 상대방의 말을 단순히 귀로 듣는 것이 아니다. 올바른 경청은 귀로 들으며 그에 맞는 신호를 상대방에게 주는 것이다. 경청은 귀로 상대방의 말을 듣는 것뿐만 아니라 상대방의 의견에 공감하는 것까지 포함하는 개념이다. 하지만 대부분의 사람들은 경청을 이용하여 상대방을 설득하거나 상대방의 오류를 고치려고 한다.

올바른 경청을 위해서는 ① 비판적·충고적인 태도를 버려야 하고, ② 상대방이 말하고 있는 의미를 이해하고 반응하되 감정을 배제해야 하고, ③ 비언어적 의사표현에 신경 써야 한다.

경청을 효과적으로 하기 위해 경청을 방해하는 습관들과 그것을 극복하는 방법에 대해 알아보자.

■ 경청을 방해하는 습관들[11]

올바른 경청을 하는 데 있어 방해가 되는 나쁜 습관들은 다음과 같다.

1) 짐작하기

상대방의 말을 듣고 받아들이기보다 자신의 생각에 들어맞는 단서들을 찾아 자신의 생각을 확인하는 것을 말한다. 짐작하고 넘겨짚으려 하는 사람들은 상대방의 목소리 톤이나 얼굴 표정, 자세 등을 지나치게 중요하게 생각한다. 이들은 상대방이 하는 말의 내용은 무시하고 자신의 생각이 옳다는 것만 확인하려 한다. 남편이 "당신은 다른 사람보다 젊어 보여."라고 말하면, 아내는 남편의 표정이나 말투 등을 자세히 살펴보면서 '남편은 속으로는 내가 너무 늙어 보여서 매력이 없다고 생각하겠지'라고 생각하거나 심한 경우에는 '남편이 다른 여자와 사귀는 것은 아닌가?'라고까지 지레짐작한다.

---

11) 출처: 한국산업인력공단 직업기초능력 의사소통능력 학습자용 워크북 pp.90~92, 국가직무능력표준 홈페이지(http://www.ncs.go.kr)

또 다른 예로 남편이 생일을 기억해 주지 않았기 때문에 말을 걸어도 표정이 안 좋고 시큰둥하게 대답한 것인데, 그걸 보고 남편은 부인이 시집 문제로 화가 난 것이라 지레짐작한다면 대화는 처음부터 어려워질 것이다.

2) 대답할 말 준비하기

상대방의 말을 듣고 곧 자신이 다음에 할 말을 생각하는 데 집중해 상대방이 말하는 것을 잘 듣지 않는 것을 말한다. 결국 자기 생각에 빠져서 상대방의 말에 제대로 반응할 수가 없게 된다.

3) 걸러내기

상대의 말을 듣기는 하지만 상대방의 메시지를 온전하게 듣는 것이 아닌 경우이다. 상대방이 분노나 슬픔, 불안에 대해 말하는 것을 들어도 그러한 감정을 인정하고 싶지 않다거나 회피하고 싶다거나 무시하고 싶을 때 자기도 모르는 사이에 상대방이 아무 문제도 없다고 생각해 버린다. 즉, 듣고 싶지 않은 것들을 막아버리는 것을 말한다.

4) 판단하기

상대방에 대한 부정적인 판단 때문에, 또는 상대방을 비판하기 위해 상대방의 말을 듣지 않는 것을 말한다. 당신이 상대방을 어리석다거나 고집이 세다거나 이기적이라고 생각한다면, 당신은 경청하기를 그만두게 될 것이다. 혹은 상대방의 말을 듣는다고 해도 상대방이 그렇다는 증거를 찾기 위해서만 귀를 기울일 것이다.

5) 다른 생각하기

상대방에게 관심을 기울이는 것이 점차 더 힘들어지고 상대방이 말을 할 때 자꾸 다른 생각을 하게 된다면, 이는 이러한 상황을 회피하고 있다는 위험한 신호이다.

예를 들어 남편은 최근 아내가 수강하는 취미 활동에 대해 말할 때마다 다른 생각을 하였다. 사실 그는 아내가 취미 활동을 하는 것에 대해 못마땅하게 생각하고 있었기 때문에 부인이 신나서 이야기할 때마다 다른 생각을 하면서 자신의 감정을 드러내지 않았던 것이다. 그러나 이렇게 표현하지 못하는 부정적인 감정이 밑바닥에 깔려 있어 시도 때도 없이 고개를 내밀기 때문에, 상대방은 오해받고 공격받는다는 느낌을 갖게 된다.

6) 조언하기

어떤 사람들은 지나치게 다른 사람의 문제를 본인이 해결해 주고자 한다. 당신이 말끝마다 조언하려고 끼어들면 상대방은 제대로 말을 끝맺을 수 없다. 올바른 해결책을 찾고 모든 것을 제대로 고치려는 당신의 욕구 때문에 마음을 털어놓고 이야기하고 싶은 상대방의 소박한 바람이 좌절되고 만다. 이야기를 들어주기만 해도 상대방은 스스로 자기의 생각을 명료화하고 그 사이에 해결책이 저절로 떠오르게 된다.

남편이 아내에게 직장에 대한 좌절과 낙담을 털어놓자 "당신은 윗사람 다루는 기술이 필요해요. 당신 성격에도 문제가 있어요. 당신 자신을 개조하기 위해 성격 개선 프로그램을 신청해서 참여해 봐요."라고 지체 없이 퍼붓게 되면 남편이 진실로 원했던 것, 즉 서로 공감하고 잠시 위로받고 싶었던 욕구가 좌절된다. 이러한 대화가 매번 반복된다면 상대방은 무시당하고 이해받지 못한다고 느끼게 되어 다른 사람에게 마음의 문을 닫아 버리게 된다.

7) 언쟁하기

언쟁은 단지 논쟁하기 위해서만 상대방의 말에 귀를 기울이는 것이다. 상대방이 무슨 말을 하든 자신의 입장을 확고히 한 채 방어한다. 언쟁은 상호 문제가 있는 관계에서 드러나는 전형적인 의사소통 패턴이다. 이런 관계에서는 상대방의 생각을 들을 생각이 전혀 없기 때문에 어떤 이야기를 해도 듣지 않게 된다. 상대방이 무슨 주제를 꺼내든지 설명하는 것을 무시하고 상대방의 생각과는 다른 자신의 생각을 장황하게 자기 논리대로 늘어놓는다. 지나치게 논쟁적인 사람은 상대방의 말을 경청할 수 없다.

8) 자존심 세우기

자존심이 강한 사람은 자존심에 관한 것을 전부 막아 버리려 하기 때문에 자신의 부족한 점에 대한 상대방의 말을 들을 수 없게 된다. 당신은 자신이 잘못했다는 말을 받아들이지 않기 위해 거짓말을 하고, 고함을 지르고, 주제를 바꾸고, 변명을 하게 된다.

9) 슬쩍 넘어가기

대화가 너무 사적이거나 위협적이면 주제를 바꾸거나 농담으로 넘기려 한다. 문제를 회피하려 하거나 상대방의 부정적 감정을 회피하기 위해서 유머를 사용하거나 핀트를 잘못 맞추게 되면 상대방의 진정한 고민을 놓치게 된다.

10) 비위 맞추기

상대방을 위로하기 위해서 혹은 비위를 맞추기 위해서 너무 빨리 동의하는 것을 말한다. 그 의도는 좋지만 상대방이 걱정이나 불안을 말하자마자 "그래요, 당신 말이 맞아.", "미안해, 앞으로는 안 할 거야."라고 말하면 지지하고 동의하는 데 너무 치중함으로써 상대방에게 자신의 생각이나 감정을 충분히 표현할 시간을 주지 못하게 된다.

2 경청능력 향상

경청능력을 향상시키기 위해 경청의 올바른 자세와 경청 훈련 방법에 대해 알아보자.

1) 경청의 올바른 자세[12]

① 상대를 정면으로 마주하는 자세

상대를 정면으로 마주하는 자세는 그와 함께 의논할 준비가 되었음을 알리는 자세이다.

② 손이나 다리를 꼬지 않는 소위 개방적 자세

손이나 다리를 꼬지 않는 소위 개방적 자세를 취하는 것은 상대에게 마음을 열어 놓고 있다는 표시이다.

③ 상대방을 향하여 상체를 기울여 다가앉은 자세

상대방을 향하여 상체를 기울여 다가앉은 자세는 자신이 열심히 듣고 있다는 사실을 강조하는 것이다.

④ 우호적인 눈의 접촉

우호적인 눈의 접촉을 통해 자신이 관심을 가지고 있다는 사실을 알리게 된다.

⑤ 비교적 편안한 자세

비교적 편안한 자세를 취하는 것은 전문가다운 자신만만함과 아울러 편안한 마음을 상대방에게 전하는 것이다.

다음의 경우를 생각해 보자. 당신이 이성친구와 오늘 본 영화에 관해 이야기를 하고 있는데 상대방이 의자 등받이에 몸을 기대어 뻐딱하게 팔짱을 끼고 앉아 있고, 내가 얘기하는 동안 시선이 자꾸 휴대폰으로 향한다면 어떤 감정이 들까?

자신이 느끼는 불쾌감 그대로 상대방도 불쾌감을 느끼게 된다. 자신이 싫으면 남도 싫다. 자신이 싫어하는 태도를 취하지 않으면 그것이 바로 올바른 경청 자세이다.

2) 경청 훈련 방법 [13]

자신의 이야기를 진지하게 들어 주는 사람에게 호감을 느낄 수밖에 없다. 좋은 청자가 되기 위해서 다음의 훈련 방법을 통해 익히도록 하자.

① 주의 기울이기(바라보기, 듣기, 따라하기)

상대의 이야기에 주의를 기울일 때는 몸과 마음을 다하여 들을 수 있어야만 자신의 관심을 상대방에게 충분히 보여 주는 것이 된다. 따라서 산만한 행동은 중단하고 비언어적인 것, 즉 상대방의 얼굴과 몸의 움직임뿐만 아니라 호흡하는 자세까지도 주의하여 관찰해야 한다. 또한, 상대방이 하는 말의 어조와 억양, 소리의 크기까지에도 귀를 기울인다.

---

② 상대방의 경험을 인정하고 더 많은 정보 요청하기

다른 사람의 메시지를 인정하는 것은 당신이 그와 함께하며 그가 인도하는 방향으로 따라가고 있다는 것을 언어적·비언어적인 표현을 통하여 상대방에게 알려주는 반응이다.

아울러 상대방이 말하고 있는 것에 대해 관심과 존경을 보이게 되면, 비록 상대방의 말에 완전히 동의하지 않더라도 상대방의 경험이 무엇인지 알게 된다. 또한, '요청하기'는 부드러운 지시나 진술, 질문의 형태를 취함으로써 상대방이 무엇이든지 당신에게 더 많은 것을 말할 수 있도록 하는 수단이 된다.

③ 정확성을 위해 요약하기

요약하는 기술은 상대방에 대한 자신의 이해의 정확성을 확인하는 데 도움이 될 뿐만 아니라, 자신과 상대방을 서로 알게 하며 자신과 상대방의 메시지를 공유할 수 있도록 한다.

예를 들어 상대방의 요점에 대해서 들은 것을 자신의 말로 반복하는 표현과 자신의 요약을 확인 또는 명료화하기 위해 질문하는 표현을 보자.

> "당신은 어제 친구와 돈 문제로 언쟁이 있었군요. 그래서 기분이 몹시 상했군요."
> "당신은 지금 가사 분담을 제의하였지요? 방법은 아직 결정하지 않았군요. 같이 의논하자는 것인가요?

④ 개방적인 질문하기

개방적인 질문은 보통 누가, 무엇을 어디에서, 언제 또는 어떻게라는 어휘로 시작된다. 이는 단답형의 대답이나 반응보다 상대방의 보다 다양한 생각을 이해하고, 상대방으로부터 보다 많은 정보를 얻기 위한 방법으로서, 이로 인하여 서로에 대한 이해의 정도를 높이기 위해서이다.

예를 들어 다음과 같은 표현을 사용할 수 있겠다.

> "이번 주말 여행 계획에 대해 말해 주겠어요?"
> "직장을 옮기는 것에 대해 어떤 생각을 하고 있어요?"

명확하지 않은 정보와 혼돈된 정보를 명확하게 하기 위해서, 인정 또는 사과의 정확성을 검토하기 위해서는 다음과 같은 표현을 사용한다.

> "당신, 기운이 없어 보이는군요. 무슨 일이 있어요?
> "당신은 나 때문에 정말 화난 것 같군요. 어쩌세요?

⑤ '왜?'라는 질문 피하기('왜?'라는 말 삼가기)

'왜?'라는 질문은 보통 진술을 가장한 부정적·추궁적·강압적인 표현이므로 사용하지 않는 것이 좋다.

> "왜요?"
> "왜 전화했어요?"
> "당신은 왜 내가 하라는 대로 하지 않지요?"

반복해서 말하지만, 경청은 듣기만 해서 끝나는 것이 아니고, 설득하기 위한 수단도 아니고, 그 사람의 잘못을 지적하기 위한 수단도 아니다. 공감이다. 공감할 수 있는 가장 좋은 방법은 그 사람의 입장이 되어 보는 것이다. 퇴직을 심각하게 고민하는 사람의 입장이 되어 보지 않고서는 그 사람이 지금 불안해 하는 것들을 공감할 수 없다.

사례

> 같은 회사에 다니는 L씨와, M씨, 그리고 N씨는 나이도 비슷하고, 학벌도 비슷하고, 능력도 비슷하지만, 사람들이 인식하는 정도는 천차만별이다. 특히, 대화를 할 때 이들의 차이는 쉽게 드러난다.
>
> "일단 저에게 맡겨주신 업무에 대해서는 과장님이 너무 간섭하시지 않았으면 합니다. 제 소신껏 창의적으로 일하고 싶습니다."
>
> L씨: 자네가 지난번에 처리했던 일이 아마 잘못됐었지? 자네 나름대로의 생각이 있더라도 상사의 지시대로 해야지.

> M씨: 자네 업무에 대해서 이야기하는 것이 간섭받는 것으로 생각되어 기분이 상한 모양이구만.
>
> N씨: 믿고 맡겨 준다면 더 잘할 수 있을 것으로 생각된다는 말이구만. 자네가 맡은 일은 자신의 소신과 창의력에 따라 책임감을 갖고 일하고 싶은 모양이구만.
>
> "저는 입사한 지 1년이 넘었는데도 아직 일다운 일을 해본 적이 없습니다."
>
> L씨: 자네가 입사한 지 벌써 1년이 넘었나? 세월 빠르다 빨라! 회사에서 중요하지 않은 일이 어디 있겠나? 모든 일에 최선을 다해야지.
>
> M씨: 음, 아직 일다운 일을 해보지 못했단 말이지. 아직 자신의 능력에 맞는 일이 주어지지 않아서 섭섭했던 모양이군.
>
> N씨: 자네의 능력을 맘껏 발휘해볼 수 있는 일다운 일을 이제는 해보고 싶다는 말이지?
>
> — 윤치영, 《설득·경청 논박의 기술》(2007), 일빛

앞에 제시된 사례를 보면 L, M, N씨 모두 공감적 태도를 보이고 있다. 하지만 공감적 태도에도 다음과 같은 차이가 있다.

L씨는 인습적 수준이다. 반응을 보이긴 하지만, 자신의 생각에 사로잡혀 있기 때문에 자기 주장만 하고, 상대방의 생각이나 느낌과 일치된 의사소통을 하지 못한다. 이 경우 조언이나 상투적인 표현을 하게 된다.

M씨는 기본적 수준이다. 상대방의 행동이나 말에 귀를 기울여 상대방이 현재 어떤 감정 상태인지, 상대가 전달하고자 하는 메시지가 무엇인지 정확하게 파악하고 그에 맞는 반응을 보인다. 이 경우에는 사례에서의 M씨처럼 상대방의 의견에 대하여 재언급이나 요약 등을 하면서 반응을 보인다.

N씨는 심층적 수준이다. 말로는 구현하기가 어려운 내면적 감정, 사고를 지각하여 이를 왜곡 없이 충분히 표현함으로써, 적극적인 성장 동기를 이해하고 표출한다. 이 경우 상대방의 의견에 대하여 긍정적으로 반응하고 사기를 진작시킨다.

사례연구

혈혈단신으로 거란을 물리친 서희

고려 건국 75년이 지난 993년 성종 시대. 거란의 소손녕이 80만 대군을 이끌고 서경 이북 땅을 내놓으라고 주장하며 고려를 침략해 왔다. 고려의 대신들은 항복을 청하거나 서경 이북의 땅을 내주는 것이 마땅하다고 주장하였다. 고려의 힘이 약하다 판단한 성종은 결국 항복을 하고 거란에게 서경 이북 땅을 내주기로 결정한다.

하지만 변방에 나갔다 돌아온 서희 장군이 성종을 극구 만류하다가 결국에는 혈혈단신으로 거란군의 진영으로 찾아갔다. 거란의 태도는 극히 오만하고 위협적이었다.

거란의 소손녕과 마주앉은 서희. 서희는 거란군의 동태를 살펴보기 시작했다. 초전의 승리에도 불구하고 거란은 더 이상 진격하지 않고 한 자리에 머물고 있었다. 전쟁을 하지 않고 오히려 80만 대군으로 위협하며 서경 이북 땅을 내놓으라고 하는 상황이었다.

소손녕과 서희의 기 싸움이 오고간 후, 거란이 원하는 것이 무엇인가를 파악하기 위하여 서희는 소손녕의 말에 귀를 기울였다.

"고려는 거란과 국경을 접하고 있는데도 어째서 바다 건너 송나라와만 교류를 하고 있는가?"라는 소손녕의 질문에, 서희는 거란이 고려가 송나라와만 교류한 것에 분개하여 쳐들어 온 것임을 확인하였다. 서희는 송나라와의 관계 때문에 고려가 거란과 교류를 하지 않으려는 것이 아니라 고려와 거란 사이에 있는 여진 때문에 교류를 할 수 없는 상황이라고 설득하여 전쟁을 치르지 않고 거란의 80만 대군을 돌아가게 만들었다. 이듬해 서희는 여진족을 정벌, 강동 6주에 성을 쌓았다.

교육적 시사점

- 서희는 소손녕과의 회담에서 그를 설득하기보다는 오히려 이야기를 잘 들어 거란이 원하는 바를 알아내고, 전쟁도 막았다.
- 경청은 대화에서뿐만 아니라 협상에서도 상대방이 원하는 바를 알아내는 가장 좋은 방법이다.

탐구활동

1. 자신이 다음과 같은 '경청을 방해하는 습관'을 행한 적이 있다면, 그 경험을 작성해 보자.

   ● 짐작하기

   ● 대답할 말 준비하기

   ● 자존심 세우기

   ● 판단하기

   ● 다른 생각하기

   ● 조언하기

2. 대화 도중 불쾌했던 상대방의 경청 태도와 그로 인해 느낀 점을 작성해 보자.

   〈불쾌했던 상대방의 경청 태도〉

   〈느낀 점〉

정답 및 해설 p.219

학습평가

1 다음 설명에 해당하는 경청을 방해하는 습관은? (   )

> 상대방의 말을 듣고 곧 자신이 다음에 할 말을 생각하는 데 집중해 상대방
> 이 말하는 것을 잘 듣지 않는 것을 말한다. 결국 자기 생각에 빠져서 상대
> 방의 말에 제대로 반응할 수가 없게 된다.

2 다음 사례와 관련 있는 '올바른 경청을 방해하는 요인'은?

> 남편이 아내에게 직장에 대한 좌절과 낙담을 털어놓자 "당신은 윗사람 다
> 루는 기술이 필요해요. 당신 성격에도 문제가 있어요. 당신 자신을 개조하
> 기 위해 성격 개선 프로그램을 신청해서 참여해봐요."라고 지체 없이 퍼붓
> 게 되면 남편이 진실로 원했던 것, 즉 서로 공감하고 잠시 위로받고 싶었
> 던 욕구가 좌절된다. 이러한 대화가 매번 반복된다면 상대방은 무시당하고
> 이해받지 못한다고 느끼게 되어 다른 사람에게 마음의 문을 닫아 버리게
> 된다.

① 판단하기   ② 짐작하기

③ 언쟁하기   ④ 조언하기

3 (   ) 안에 알맞은 말을 채워 넣으시오.

> 올바른 경청을 위해서는 (   )·충고적인 태도를 버려야 하고, 상대방이
> 말하고 있는 의미를 이해하고 반응하되 감정을 배제해야 하고, (   )에 신
> 경 쓰는 것이 중요하다.

경청의 중요성을 의미하는 말들

- 들으려 하지 않는 사람에게 말하기를 좋아하는 사람은 없다.   − 제롬

- 말하는 것은 지식의 영역이고, 듣는 것은 지혜의 영역이다.   − 올리버 웬델 홈즈

- 사연을 듣기 전에 대답하는 자는 미련하여 욕을 당하느니라.   − 잠언 18장 13절

- 신이 인간에게 한 개의 혀와 두 개의 귀를 준 것은 말하는 것보다 타인의 말을 두 배 더 많이 들으라는 이유에서다.   − 에픽테토스

- 누구도 개미보다 더 잘 설교할 수 없다. 더욱이 개미는 한 마디 말도 안 한다.   − 벤자민 프랭클린

- 다른 사람의 이야기를 진지하게 들어 주는 태도는 우리가 다른 사람에게 보여 줄 수 있는 최고의 찬사 가운데 하나이다.

- 자기 말은 1분만 하고, 2분 동안 상대방의 말을 듣고, 3분 동안은 상대방의 말에 맞장구 친다.   − 데일 카네기

- 내 귀가 나를 가르쳤다.   − 징기스칸

- 지혜는 들음으로써 생기고, 후회는 말함으로써 생긴다.   − 영국 속담

- 나는 아침마다 상기시킨다. "오늘 내가 말하는 것 중 나를 가르쳐 주는 건 아무것도 없다고. 그래서 내가 배우고자 한다면, 나는 반드시 경청을 통해 배운다고."   − 래리 킹

- 다른 사람이 말할 때, 완전히 귀를 기울여라. 대부분의 사람들은 남의 말에 결코 귀를 기울이지 않는다.   − 어니스트 헤밍웨이

- 누군가의 이야기를 들어 준다는 행위는 타인을 위로한다는 것 이상의 의미가 있다. 우리는 다른 사람의 말을 들어줌으로써 그를 최고의 상태에 이르게 할 수 있다.   − 피에르 쌍소

학/습/정/리

1. 경청은 다른 사람의 말을 주의 깊게 들으며, 공감하는 능력이다. 경청 태도가 좋으면 상대방으로부터 신뢰를 얻을 수 있다. 경청이란 단어에서 '청(聽)'이란 글자에는 눈, 귀, 마음, 왕을 뜻하는 단어들이 포함되어 있다. 따라서 경청은 '귀로는 듣고, 눈으로는 상대방을 보고, 상대의 말을 마음으로 받아들이고 상대를 왕처럼 받들라'는 뜻으로 볼 수 있다.

2. 올바른 경청을 위해서는 다음과 같은 태도를 갖춰야 한다.

   1) 비판적·충고적인 태도를 버리기

   2) 상대방이 말하고 있는 의미를 이해하고 반응하되 감정을 배제하기

   3) 비언어적 의사표현에 신경 쓰기

3. 올바른 경청을 저해하는 요인들은 다음과 같다.

   1) 짐작하기: 상대방의 말을 믿고 받아들이기보다 자신의 생각에 들어맞는 단서들을 찾아 자신의 생각을 확인하는 것이다.

   2) 대답할 말 준비하기: 자신이 다음에 할 말을 생각하는 데 집중해 상대방이 말하는 것을 잘 듣지 않는 것이다.

   3) 걸러내기: 상대의 말을 듣기는 하지만 상대방의 메시지를 온전하게 듣지 않는 것이다.

   4) 판단하기: 상대방에 대한 부정적인 판단, 또는 상대방을 비판하기 위해 상대방의 말을 듣지 않는 것이다.

   5) 다른 생각하기: 상대방에게 관심을 기울이는 것이 점차 더 힘들어지고 상대방이 말을 할 때 자꾸 다른 생각을 하는 것이다.

   6) 조언하기: 지나치게 다른 사람의 문제를 본인이 해결해 주고자 하는 것이다.

   7) 언쟁하기: 단지 반대하고 논쟁하기 위해서만 상대방의 말에 귀를 기울이는 것이다.

   8) 자존심 세우기: 자존심에 관한 것을 전부 막아 버리려고 하여 자신의 부족한 점에 대한 상대방의 말을 들으려고 하지 않는 것이다.

   9) 슬쩍 넘어가기: 대화가 너무 사적이거나 위협적이면 주제를 바꾸거나 농담으로 넘기려고 하는 것이다.

   10) 비위 맞추기: 상대방을 위로하기 위해서 혹은 비위를 맞추기 위해서 너무 빨리 동의하는 것이다.

4. 경청 훈련 방법은 다음과 같다.

   1) 주의 기울이기

   2) 상대방의 경험을 인정하고 더 많은 정보를 요청하기

   3) 정확성을 위해 요약하기

   4) 개방적인 질문을 통해 서로에 대한 이해도를 높이기

   5) 추궁적·강압적 표현이 강한 "왜?"라는 질문을 삼가기

NCS
직업기초능력평가

의사
소통
능력

Chapter

05

의사표현능력

제5장
의사표현능력

▶▶ 학습목표

구분	학습목표
일반목표	의사표현의 개념과 중요성을 확인하고, 의사표현력을 기를 수 있다.
세부목표	1. 타인에게 말하고자 하는 정보를 목적과 상황에 맞게 정리할 수 있다. 2. 타인에게 말하고자 하는 정보를 목적과 상황에 맞게 표현할 수 있다. 3. 내가 말한 정보를 상대방이 이해하였는지 확인할 수 있다.

▶▶ 주요 용어 정리

의사표현능력

자신의 생각과 감정을 듣는 이에게 음성언어나 신체언어로 표현하는 능력을 말한다.

8:2의 법칙

프레젠테이션 시 청중이 눈으로만 보게 만들지 말고, 말로 80%를 이해하게 만들고 눈으로 20%를 이해하게 만들라는 법칙이다.

엘리베이터 스피치

미국 할리우드에서 시작된 말로 엘리베이터를 타고 내릴 때까지 약 60초 이내의 짧은 시간 안에 투자자의 마음을 사로잡을 수 있어야 한다는 의미의 용어이다.

제1절 효과적인 의사표현의 원칙

우리는 매일 친구들, 동료들, 상사와 대화를 하며 시간을 보내고 있다. 가정에서, 학교에서, 직장에서 생활하다 보면 자신이 말한 내용에 대해 상대방이 오해를 하는 경우가 종종 발생하게 된다. 왜 이런 경우가 발생하게 되는 것일까?

의사소통을 하는 데는 말하는 사람, 듣는 사람이 있으며, 말하는 사람이 표현하는 내용은 듣는 사람의 연령, 성별, 상황, 가치관, 성격 등에 따라 다르게 해석될 수 있다.

효과적인 의사표현이란 결국 자신의 생각을 상대방에게 전달(보고)하고, 얻고자 하는 것을 설득하고, 자신의 의견에 동조하게 만드는 것이다.

자신의 의사를 상대방에게 효과적으로 전달하기 위해서는 다음의 원칙들을 실천하는 습관을 들여야 한다.

1 발신이 곧 수신을 말하지 않는다

사례 ❶

교육사업부의 나 대리는 회계팀에 근무하는 김 대리에게 상반기 매출 및 수익에 관한 자료를 작성해 달라고 의뢰하는 메일을 보냈다. 교육사업부와 회계팀은 같은 건물, 같은 층에 있다.

다음 날 점심 때 두 사람은 우연히 식당에서 만났다. 나 대리가 김 대리에게 말했다.

"김 대리님, 부탁한 자료 잘 부탁드려요. 내일까지 받을 수 있겠죠?"
"자료라뇨?"
"네? 어제 메일 보냈는데…."
"메일 아직 못 봤어요."
"그럼 곤란하지요. 메일을 보냈으면 확인을 하셔야죠."

나 대리의 말에 김 대리는 울컥해 하며 말했다.

"어제 하루 종일 회계 담당자 교육이 있어서 자리에 없었어요. 오늘 아침에 메일함을 열어 보니 메일이 70통 정도가 들어와 있어서 전부 읽어 보지도 못했고요. 게다가 아침부터 팀장님께서 지시하신 일을 하느라 정신도 없었습니다."

"그렇지만 저는 부탁을 드렸으니 일이 늦어지는 건 제 책임이 아니에요."

"나는 나 대리 메일이 오기만을 기다리고 있을 만큼 한가한 사람이 아니에요. 그렇게 중요한 용건이라면 전화 한 통이라도 했어야죠."

김 대리는 화가 나서 거칠게 말하고 자리를 떠났다.

앞에서 본 사례에서 과연 누구에게 잘못이 있는가? 메일이라는 것은 볼 수도 있지만, 안 볼 수도 있다. 발신이 곧 수신을 의미하지 않는다. 중요한 내용이라면 메일을 보내고 전화나 문자 등을 이용해 메일을 보낸 사실에 대해 상대방에게 이야기하여야 한다.

2 원하는 내용을 정확히 말하라

직장생활을 하다 보면 상사로부터 업무를 지시받아 일을 하는 경우가 태반이다. 하지만 직장 상사도 천차만별이다. 어떤 상사는 구체적으로 업무를 지시하여 일을 하기가 편안한 반면, 어떤 상사는 막연히 업무를 지시하는 경우가 있다. 다음의 사례를 살펴보자.

사례 ❷

어느 날 사장의 호출을 받은 김 이사가 사장실로 찾아갔다. 사장은 김 이사에게 명함을 하나 주며 말했다.

"어제 이 사람을 만났는데, 나한테 도움을 청하더군. 예전에 내가 이 사람에게 신세를 많이 졌는데, 한 번 만나보도록 해요."

갑자기 명함을 주고 사람을 만나라는 소리에 김 이사는 의아했다.

"예? 그럼 이 사람을 만나 무엇을 하면 되나요?"

"글쎄, 그건 당신이 사업 수단이 좋으니 알아서 하도록 해요."

더 이상 시간을 끌어봤자 구체적인 이야기가 나올 것 같지 않다고 생각한 김 이사는 일단 알겠다고 말하며 답답한 마음을 안고 사장실을 나섰다.

앞에서 본 사례에서 사장이 한 말은 결국 "나는 내가 원하는 것을 잘 몰라. 그러니 네가 알아서 해."라는 말과 다를 바 없다. 이와 같은 말로는 자신이 원하는 것을 결코 얻을 수 없다. 명함에 적힌 사람을 만나 사업에 대한 제휴를 체결해 오는 것을 원하는지, 현재 추진하고 있는 사업에 투자를 받아 오라는 것인지 나름대로 추측해서 할 수 밖에는 없다.

즉, 자신이 원하는 것을 얻기 위해서는 구체적이고 명확하게 이야기해야 한다. 고객에게 자신이 무엇을 원하는지, 제안 발표를 통해 자신이 이야기하고자 하는 것이 무엇인지, 제휴사에게 원하는 것이 무엇인지 명확하게 이야기해야 자신이 원하는 내용을 전달하고, 그것을 얻을 수 있다.

3 상대방의 말을 잘 들어라

대화를 할 때 자기가 하고 싶은 말만 하는 경우가 있다. 가끔 금융상품 가입 안내 전화를 받으면 텔레마케터가 내가 듣든지 말든지에 상관 없이 준비된 대본을 쉬지도 않고 읽어대는 경우가 있다. 그럴 때면 그냥 전화를 끊는 것이 미안하여 어쩔 수 없이 거절의 말을 할 타이밍을 잡으려고 그 말을 계속 듣고 있을 수 밖에 없다.

자신이 원하는 것을 상대방으로부터 얻기 위해서는 말을 많이 하여 상대를 설득해야 한다고 생각한다. 하지만 말을 줄이고 상대방의 말을 잘 듣기만 해도 큰 이득을 얻을 수 있다. 다음의 사례를 살펴보자.

사례 ❸

어느 날 갑자기 인사팀장이 김 이사에게 급히 달려왔다.

"김 이사님. 공공프로젝트팀의 최 과장이 회사를 그만두겠다고 사직서를 제출하였습니다."

"최 과장이요? 성실하고 일 잘하는 그 최 과장 말하는거죠? 도대체 왜요?"

"이유를 물어보니 맞벌이를 하는 아내가 지방으로 발령이 나서 새로 태어난 아이와 함께 다 같이 내려가기로 결정했답니다. 아무리 설득을 하고 호소를 해도 최 과장은 이번 달까지만 일하겠다고 합니다."

"그래요? 일단 제가 한번 만나서 이야기해 보죠."

다음 날 김 이사는 최 과장을 불러 따로 면담을 했다. 김 이사는 사직 이유를 물어보기보다는 프로젝트 이야기며, 육아 이야기며 이런저런 이야기를 하며 최 과장의 이야기를 먼저 들었다.

이야기를 듣다 보니 결국 최 과장이 회사를 그만두려는 이유는 잔업으로 야근이 잦아져 최근 출산한 아내와 사이가 소원해졌기 때문이었다. 이 때문에 좀 더 업무 환경이 좋은 회사로 옮기려고 한 것이었다.

이에 김 이사는 프로젝트팀의 팀장과 팀원들이 함께 근무 환경을 개선할 수 있는 방안을 모색하였고, 최 과장은 사직서를 철회하고 회사 업무에 매진하게 되었다.

앞에서 제시된 사례를 보면, 김 이사는 원하는 것, 즉 최 과장의 사직서 철회를 얻기 위해 최 과장의 이야기를 듣고 그 이야기 속에서 해결책을 찾을 수 있었다. 만약 최 과장에게 "왜 회사를 그만두냐? 회사를 계속 다니면 안 되겠나? 원하는 것이 무엇인가?"라고 일방적으로 자신의 이야기만 했다면 최 과장은 결국 회사를 떠나게 되었을 것이다.

많은 사람들이 설득을 하기 위해서 자신의 주장을 논리적으로 펼쳐야 한다는 강박관념에 쌓여 있다. 입장이 다른 사람을 설득할 때 또는 자신이 원하는 것을 얻기 위해 타인을 설득할 때는 먼저 그 사람의 말에 귀를 기울여야 한다.

④ 부정보다는 긍정을 먼저

반대 의견을 말할 때마다 "저는 반대입니다.", "너무 구시대적인 발상 아닌가요?", "자네 일 처리를 이따위로 밖에 못하나?" 등 부정적이고 공격적인 언행을 일삼는 사람들이 있다. 이는 상대방과의 관계를 치명적으로 만들 수 있다. 반대 의견은 '언쟁'을 위해서가 아니라 어떤 문제를 새로운 시각에서 바라보고, 그에 대한 의견을 모아 더 좋은 해결 방안을 이끌어내기 위한 과정이다. 상대방은 공격의 대상이 아니고 문제를 함께 풀어 나갈 동료인 것이다. 이러한 생각을 갖고 있으면 공격적이고 부정적인 표현은 많이 줄어들게 될 것이다. 다음의 사례를 살펴보자.

사례 ❹

서 과장이 야심차게 진행하던 프로젝트가 결국 실패로 끝났다. 서 과장은 자신을 탓하며 깊은 실의에 빠졌다.

김 부장은 서 과장네 팀원들과의 면담을 통해 그 프로젝트가 실패로 끝나게 된 이유를 나름대로 분석했다. 분석 결과, 서 과장이 고객의 무리한 요구 사항을 거절하지 못하고 모두 반영하여 시스템을 구현하려 하다가 시스템 개발 완료일을 맞추지 못한 데 그 원인이 있었다. 서 과장과 같이 팀을 이루어 고생한 팀원들은 모두 서 과장에 대해 신뢰를 보여 줬고, 오히려 김 부장에게 서 과장이 처벌을 받지 않도록 도와달라고 요청해 왔다.

프로젝트 팀원들과 개별 면담을 나눈 결과 김 부장은 서 과장이 보여준 리더로서의 역할과 업무 추진력에 깊은 인상을 받았다. 김 부장은 실의에 빠진 서 과장을 이대로 놔둬서는 안 되겠다고 생각하여 그를 불렀다.

"서 과장, 나는 이번 일로 자네에게 깊은 감명을 받았네. 프로젝트 팀원들이 자네의 리더로서의 역할과 업무 추진력을 높이 평가하였네. 그들이 귀찮을 정도로 나를 찾아와 자네를 도와달라고 요청할 정도였다네. 다음 프로젝트에서 이번에 보여준 리더로서의 역할과 업무 추진력, 그리고 고객의 무리한 요구 사항을 현명하게 거절할 수 있는 판단력만 갖춘다면 난 자네가 훌륭히 프로젝트를 이끌 수 있으리라 믿네."

김 부장의 이 한 마디에 실의에 빠져있던 서 과장은 다시 힘을 낼 수 있었고, 팀원들을 일일이 김 부장을 찾아가 고맙다는 말을 건넸다.

김 부장 같은 상사 밑에서 일하는 직원들은 참 행복한 사람들이다. 김 부장은 서 과장의 잘못을 따지기 전에 팀원들과의 면담을 통해 프로젝트가 실패하게 된 이유에 대해 나름대로 조사를 하였다.

처음부터 끝까지 상대방의 잘못을 추궁하며 질책하기보다는 김 부장처럼 긍정적인 말을 곁들인다면 상대방은 그 조언을 더욱 크게 받아들여 자신의 잘못을 스스로 고치게 된다. 실수를 고칠 수 있도록 하는 것은 부정적인 질책의 말이 아니라 긍정을 곁들인 말이다.

사례연구

대안 없는 반대

벤처회사를 운영 중인 A사장이 있다. A사장네 회사는 설립된지 약 7년 정도 된 회사이다. 7년의 세월 동안 많은 일이 있었다. 첫 프레젠테이션을 거쳐 국내 유수의 외국계 기업의 온라인 마케팅 대행권을 따냈고, 얼마 지나지 않아 일본 투자회사로부터 많은 돈을 투자받아 승승장구하며 직원이 100명에 육박했다.

외국계 기업의 온라인 마케팅 대행부터 시작해 국내 유수의 대기업들, 통신사 마케팅 대행권을 따내며 승승장구할 때가 바로 엊그제였는데, 이젠 경기 불황으로 신규 사업을 따내기도 힘든 상황이 되었다. A사장은 직원의 수를 줄이고 구조조정을 해야 할 때가 왔다고 생각했다.

결심을 굳힌 A사장은 임원진을 소집해 자신의 의견을 전달했다. 재무를 담당하고 있는 B이사는 A사장의 의견에 적극 찬성하였다. 하지만 광고사업부를 이끌고 있는 C이사는 A사장의 의견에 적극 반대하고 나섰다.

"전 구조조정이란 방법은 좋지 않다고 생각합니다. 구조조정을 하게 되면 남아있는 직원들의 사기도 떨어지게 되고, 오히려 우수한 인재들이 나가게 될까봐 걱정됩니다. 직원들이 이탈하게 되면 오히려 업무 집중도가 떨어지고 생산성이 낮아지게 될 겁니다."

B이사가 C이사의 말에 반박했다.
"그럼 C이사님은 어떻게 이 상황을 극복해 나가자는 것인가요? 이 상태로 가다간 회사가 마이너스로 돌아서게 될 겁니다. 그렇게 될 경우에는 구조조정을 해도 회생이 불가피합니다."

C이사가 말했다.
"지금껏 영업을 담당해 오신 분은 사장님과 D이사님이셨습니다. 지금부터는 저와 B이사님도 같이 영업을 뛰면 신규 사업이 늘어나지 않겠습니까?"
언쟁을 지속하던 B이사와 C이사는 결국 큰 소리로 말다툼을 하게 되었고, 답답한 A사장이 결국 한마디했다.

"B이사님 말도 맞고, C이사님 말도 맞습니다. 구조조정을 하게 되면 오히려 우수한 인재들이 나가게 될 가능성이 높아지니까요. 그런데 회사가 망하게 되면, 100명의 직원 모두 직장을 잃게 됩니다.

하지만 우리가 구조조정을 한다면 최소 50명은 우리와 함께할 수 있습니다. 100명이냐, 50명이냐를 놓고 본다면 난 차라리 50명을 선택하고 싶습니다. 저는 오늘 이 자리에서 이사님들과 회사를 다시 일으키기 위해 조직을 어떻게 재구성할 것인지, 그리고 우수한 인재들이 빠져나가지 않도록 어떻게 해야 할 것인가를 상의하고 싶었습니다."

교육적 시사점

'반대를 위한 반대'라는 말이 있다. 반대를 하기 위해서는 그에 대한 대안을 제시하여야 한다. 그렇지 않은 반대는 방해를 하기 위한 의사표현일 수밖에 없다.

탐구활동

1. 최근 상대방을 설득하여 자신이 얻고 싶은 것을 얻은 경험이 있었다면 어떻게 상
   대방을 설득했는지 작성해 보자.

   〈내가 원하던 것〉

   〈상대방을 설득한 말〉

2. 자신이 다음의 신상품에 대한 개념을 생각한 사람이라고 가정하고, 회사 동료들
   을 자신의 의견에 동조하게 만들기 위해 어떻게 설득할 것인지 작성해 보자.

   > 최근 젊은 세대의 취향을 분석해 보니 사각형 모양보다는 원형을 더욱 선호하는 것으로
   > 밝혀졌다. 사각형보다는 원형이 패셔너블하다는 이유였다.
   > 보급형 카메라를 제작하는 우리 회사에서 젊은 세대를 주요 구매층으로 삼기 위해서는
   > 패셔너블한 제품을 만들어야 할 것 같다.
   > 하지만 거의 모든 카메라가 사각형이다. 원형 카메라는 그 누구도 생각하지 않고 있다.

   〈주장의 핵심〉

   〈주장의 근거〉

3. 자신의 과거 생활 중 상대방을 설득하는 데 성공/실패했던 사례와 그에 따른 느낀 점을 작성해 보자.

〈성공 사례 및 느낀 점〉

〈실패 사례 및 느낀 점〉

학습평가

정답 및 해설 p.219

1 의사표현과 관련된 설명으로 적절하지 않은 것을 고르시오.

① 의사표현을 하는 수단에는 음성언어와 신체언어가 있다.

② 효과적인 의사표현을 위해서는 그것을 위한 여러 원칙을 꾸준히 실천하고, 습관화시키는 노력이 필요하다.

③ 상대방이 자신의 의견에 동조하게 하는 것도 효과적인 의사표현능력에 해당된다.

④ 의사표현능력은 직장 같은 공적인 자리에서 필요한 능력으로, 친구 모임 같은 사적인 자리에서는 중요하지 않다.

2 ( ) 안에 알맞은 말을 채워 넣으시오.

> 말하는 사람이 표현하는 내용은 듣는 사람의 ( ), ( ), ( ), ( ), ( ) 등에 따라 다르게 해석될 수 있다.

3 올바른 의사전달을 위한 내용으로 바르지 않은 것을 고르시오.

① 발신이 곧 수신을 의미하지는 않는다. 항상 상대방이 제대로 수신하였는지 확인하여야 한다.

② 상대방의 실수에 대해 질책하는 것이 상대방을 위하는 일이다.

③ 자신이 원하는 내용을 정확하게 표현한다.

④ 상대방의 말을 경청해야 한다.

성공하는 사람의 이미지를 위한 의사표현

1. 부정적인 말투를 고쳐야 한다

무엇을 보든지 부정적으로 평가를 내리는 사람이 있다. 비평가도 아니면서 아닌 것부터, 부정적인 것부터 말하는 사람이다. 선물을 받고 나서도 기뻐하기보다는 마음에 안 드는 점을 잡아 탓하기만 하는 어른들이 있다. 이분들은 십중팔구 아랫사람으로부터 조그마한 선물도 받기 어려운 처지가 될 것이다. 무엇이든지 긍정적으로 말하자. 긍정적으로 말하고 힘이 부족하면 도움을 요청하고, 감사의 말을 하고 더 많이 감사할 일이 있을까를 생각하자. 장미에게 가시가 있어서 아름답다는 것을 생각하고 장미꽃뿐만 아니라 장미꽃 가시에게도 감사하자. 자기 자신이 긍정적으로 변할 때까지 긍정적인 말투를 사용하고, 긍정적인 자아상을 가질 때까지 긍정적으로 말하고 생각하자. 그러면 우리의 이미지와 환경이 긍정적인 모습으로 우리 앞에 나타날 것이다.

2. 상대의 말에 공감하자

가장 쉽게 다른 이에게 친절을 베풀 수 있는 방법은 무엇인가? 그것은 상대의 말을 듣고 그럴 수도 있다고 생각하는 것이다. 그리고 상대가 원하는 대답을 해주는 것이다. 분명 그것이 정답이 아니지만, 상대는 매우 고마워할 것이며, 우리도 그에게 긍정적인 대답을 들을 수 있을 것이다. 가는 말이 고우면 오는 말도 고운 것처럼 우리가 말로써 상대에게 심으면, 상대가 좋은 열매를 가지고 우리에게 주는 것은 당연한 결과일 것이다. 빈말인 줄 알면서도 여자들은 예쁘다는 말은 수없이 들어도 싫지 않다고 한다. 남에게 기쁨이 되는 말을 하면, 그에게서 기쁨이 되는 말을 들을 수 있다. 그리고 그런 말을 자주 듣게 되면, 우리의 이미지도 스스로 기뻐할 만한 모습으로 변할 것이다.

3. 자신을 너무 과소평가하지 말자

이 말은 낮은 자존감과 열등감으로 자기 자신을 대하지 말자는 것이다. 안 좋은 일이 생기면, "내가 못 배운 게 한이지." 혹은 "내가 가난한 게 죄지."라고 말하는 사람이 있다. 또한 평소에 "죄송합니다.", "미안합니다."를 입에 달고 사는 사람들이 있다. 얼핏 보면 예의 바르게 보일지 모르나 꼭 필요한 경우가 아니라면 그렇게 해서 자신의 모습을 비하시키지 않기를 바란다.

4. 자신의 대화 패턴을 주의 깊게 살펴보자

기회가 된다면 자기가 다른 사람과 대화하는 것을 녹음해서 들어 보자. 불필요한 어휘나 부정적이거나 거부감을 주는 표현을 많이 쓰지는 않는지, 또는 상대방이 못 알아듣는 전문 용어나 사투리를 사용하지는 않는지 점검해 보자. 좋지 않은 언어 습관에 대해 지적해 주는 이의 충고를 새겨 듣자. 그리고 의식적으로 쓰는 말을 우리가 원하는 말로 바꿔서 자주 사용해 보자. 그래서 자신의 언어 사용 패턴을 바꾸어 보자. 얼마 지나지 않아 자기 자신의 이미지도 변하고 삶의 모습도 변할 것이다.

– 한국산업인력공단 직업기초능력 의사소통능력 학습자용 워크북 pp.113~114,

국가직무능력표준 홈페이지(http://www.ncs.go.kr)

제2절 프레젠테이션 능력 향상

프레젠테이션은 청중을 설득하기 위하여 사업의 목적이나 계획 등을 발표하는 것을 의미한다. 여기서 중요한 것은 '설득'이란 단어이다.

학교에서 리포트 발표를 할 때, 직장에서 기획안을 발표할 때 그리고 제안 발표를 할 때 주로 사용되는 것이 바로 프레젠테이션이다. 리포트 발표의 목적은 학점을 잘 받기 위함이고, 기획안은 내가 작성한 기획안을 상대방에게 설명하여 설득하는 것이 목적이다. 제안 발표는 과업을 수주하기 위한 것이 그 목적이다.

결국 내가 말하고자 하는 것을 상대방에게 제대로 전달하지 못하거나 상대방의 마음을 움직이지 못하면 설득에 실패하여 원하는 것을 얻지 못한다.

서점에 가면 프레젠테이션에 관한 많은 책들이 있다. 하지만 그 책들을 전부 읽는다고 프레젠테이션의 고수가 되지는 않을 것이다. 의사소통에는 항상 말하는 사람과 듣는 사람이 있다. 프레젠테이션은 일대일 또는 일대다의 상황에서 발생할 수 있다. 상대방을 정확히 파악하기 위해서는 참석자에 대한 기본적인 정보와 의사결정자가 누구인지와 같은 세부적인 정보를 파악해야 한다. 다음의 사례를 살펴보자.

사례 ❶

IT 업계에 종사하는 허 대리는 모 기업의 영업 정보 시스템 구축 프로젝트 제안 발표회를 담당하게 되었다.

평소 꼼꼼하기로 소문난 허 대리는 발표할 자료를 며칠째 계속 수정하며 연습을 해왔다. 제안 발표회 이틀 전 신 과장이 허 대리에게 "제안 발표회 날 고객 측에서는 몇 명이나 참석하는가?"라고 물었다. 발표 자료를 만드느라 정신이 없던 허 대리는 참석 인원에 대해 알아볼 시간이 없었던 탓에 답변을 정확히 할 수 없었다.

"과장님 제가 자료를 만드느라 미처 확인하지 못했습니다."

"아니 몇 명이나 참석하는지 알아보는 건 가장 기초적인 것인데 그걸 알아보지 않았단 말이야? 참석하는 분 중 의사결정권을 갖고 있는 분은 누구야?"

"그것도 제가 아직…"

> 허 대리는 뒷머리를 긁적이며 말했다. 그 모습을 본 신 과장이 허탈한 표정을 지
> 으며 입을 열었다.
> "어허. 《손자병법》에 '지피지기 백전불태(知彼知己 百戰不殆)'라는 유명한 말이
> 있지. 발표를 할 때 누가 참석하는지, 의사결정권자가 중요시 여기는 사항이 무
> 엇인지 미리 파악해야지. 어서 당장 알아봐."
>
> 허 대리는 바로 모 기업 담당자에 전화를 걸어 참석자 수, 소속, 직급과 직책에
> 대해 알아 보았다. 그리고 여기저기 수소문하여 모 기업과 업무상 관계가 있던
> 지인들을 통해 의사결정자의 성격, 취향 등에 대해 알아보았다.

실제로 대부분의 회사들은 제안 발표회를 준비할 때 앞에서 본 사례보다 더 많은
정보를 입수하기 위하여 노력을 기울인다. 상대방에 대해 자신이 알아낼 수 있는
정보가 많으면 많을수록 프레젠테이션은 성공적으로 끝날 확률이 높아진다.

프레젠테이션에서 디자인은 과연 어느 정도 중요할까? 포털 사이트 검색창에 '프
레젠테이션'이란 단어를 입력하면 프레젠테이션 프로그램, 프레젠테이션 매거진,
테마, 템플릿, 디자인 등의 단어가 우선적으로 나온다. 보기 좋은 떡이 먹기도
좋다고 했던가. 많은 사람들이 프레젠테이션을 준비하기 위해 디자인과 템플릿에
집중한다. 하지만 디자인이 예쁘면 뭐하겠는가? 디자인은 프레젠테이션을 위한
충분 조건이지 필수 조건은 아니다.
성공적으로 프레젠테이션을 진행하기 위해서는 ① 8:2의 법칙, ② 1:1의 법칙,
③ 상황별 표현 방식에 대해 알아야 한다.

1 8:2의 법칙

8:2의 법칙은 파레토의 법칙으로 잘 알려져 있다. 파레토의 법칙은 이탈리아의
경제학자 파레토가 주장한 것으로 전체의 20%에 해당하는 인구가 부의 80%를
소유하고 있다는 것이다. 이 법칙은 20%의 제품이 전체 매출의 80%를 차지하
고, 백화점 매출의 80%는 20%의 고객으로부터 발생하며, 개미의 경우 20%는
열심히 일하고 80%는 놀고 있다는 식으로 다양하게 적용되고 있다.

하지만 여기서 말하는 8:2의 법칙은 이런 파레토 법칙이 아니라, 프레젠테이션 시 말이 80%, 눈이 20%를 차지한다는 법칙이다. 처음 필자가 프레젠테이션을 진행했을 때의 일을 얘기해 보면, 당시 필자는 발표 자료를 나눠주고 준비해 간 슬라이드로 열심히 설명을 하고 있었다. 하지만 참석자들은 필자의 설명을 듣기 보다는 발표 자료를 넘기며 슬라이드와 전혀 상관없는 부분들을 앞서서 읽고 있었다. 지금에야 웃으면서 말할 수 있지만 그 당시에는 너무 당황했었다.

왜 그랬을까? 나중에 생각해 보니 필자가 나눠준 자료에 모든 내용이 다 적혀 있었기 때문이었다. 참석자들은 프레젠테이션을 들을 필요 없이 유인물을 읽는 것만으로 모든 것을 다 이해할 수 있었던 것이다.

프레젠테이션 진행 시에는 청중의 시선이 화면의 슬라이드나 배포된 자료가 아닌 발표자에게 집중되어야 한다. 슬라이드나 배포된 자료에 발표자가 말하고자 하는 내용이 모두 적혀 있으면 청중은 발표자를 보지 않고 배포된 자료를 앞뒤로 뒤적이며 결론부터 읽으려고 한다. 이렇게 해서는 청중이 발표자에게 집중하지 않는다. 다음의 사례를 살펴보자.

사례 ❷

제안 발표회 3일 전. 허 대리는 영업팀장, 과장, 동기 대리, 부서 직원들 앞에서 모 기업 영업 시스템 구축 제안 발표회 리허설을 하였다. 틈나는 대로 발표 자료를 열심히 외워왔던 허 대리는 리허설에 대한 자신감이 있었다.

하지만 프레젠테이션을 시작한 지 3분도 지나지 않아 허 대리는 자신을 보고 있는 사람이 아무도 없다는 것을 알게 되었다.

'어? 사람들이 나를 보지 않고 자료만 뒤적거리고 있네. 왜 그러지? 지겹나?'

머릿속으로 이 생각 저 생각이 들기 시작하자 허 대리는 갑자기 말이 꼬이기 시작했다.

갑자기 팀장이 "자, 발표는 여기까지 하세."라고 말하며 허 대리의 발표를 중단시켰다.

"여기 참석한 인원 중에 오늘 발표에 대해 코멘트 할 사람 있나?"라고 물어보자, 모두들 머리만 숙이고 아무 말도 하지 않았다.

"자, 그럼 리허설은 이걸로 마치고 허 대리 잠깐 나 좀 보세."

팀장의 부름에 의기소침해진 허 대리는 머리를 푹 숙이며 팀장의 자리로 갔다.

> "내용도 훌륭하고 열심히 준비했네. 그동안 고생 많았겠군."
>
> "네."
>
> "하지만, 난 자네의 이야기에 집중이 되지 않았네. 난 발표가 시작된 후 내가 원하는 내용을 찾기 위해 자료를 앞뒤로 뒤적이느라 자네 이야기를 하나도 듣지 않았어. 내가 원하는 내용을 찾고 나니 더 이상 자네의 이야기를 듣기보다는, 내가 할 말만 생각하고 있었지."
>
> "팀장님, 그럼 어떻게 해야 하나요?"
>
> "사람들이 자네 말에 귀를 기울이게 하려면 자네의 이야기를 듣게끔 만들어야 하네. 눈으로 100%를 이해하게 만들면 사람들은 자네의 말에 전혀 귀를 기울이지 않을 걸세."

허 대리는 리허설을 통해 8:2의 법칙이 어떤 것인지 절실히 깨달았을 것이다. 눈으로만 읽게 만들면 청중은 나에게 집중하지 않는다. 사람들의 시선을 프레젠테이션 화면에서 나에게로 옮기기 위해서는 80%는 귀를 통해 설명을 듣고 이해하도록 만들어야 하고, 나머지 20%는 눈으로 읽게 만들어야 한다.

모든 문서에 8:2의 법칙이 적용되지는 않는다. 보고서(시각 100%)와 프레젠테이션용 자료(시각 20%)는 엄연히 차이가 나기 때문에 다르게 만들어야 한다. 다시 말하지만 8:2의 법칙은 프레젠테이션용 자료를 만들 때 적용되는 것이다. 보고서 작성에 관한 내용은 [3장 문서작성능력]을 참고하도록 하자.

8:2의 법칙은 다음의 1:1의 법칙과도 연결된다.

2 1:1의 법칙

1:1의 법칙은 하나의 슬라이드에 전달하고자 하는 메시지 하나만 담는 것을 의미한다. 왜 그래야 할까? 말하는 사람은 해당 주제에 대해 오랫동안 생각하고 정리해 왔지만, 듣는 사람은 그렇지 않은 경우가 많다. 상사가 프로모션 이벤트 기획서를 작성하라고 지시할 경우, 프로모션 이벤트의 목적, 즉 왜 해야 하는지, 프로모션을 통해 얻고자 하는 것이 무엇인지에 대해 나름대로 오랫동안 고민한 후 관련된 정보를 찾고, 생각을 정리하여 기획서를 작성한다. 하지만 상사는 기

확한 당사자만큼 그 일에 대해 깊게 생각하고 있지 않다.

제안 발표회의 경우 더욱 그렇다. 발표하는 회사는 오랫동안 고민해 왔던 내용이기 때문에 어떤 내용인지 쉽게 이해할 수 있다. 하지만 청중의 입장에선 처음 보는 내용일 수도 있다. 생각해 보지 않은 내용들이 무질서하게 막 쏟아져 나온다면 청중들이 과연 정확히 이해할 수 있을까?

말하고자 하는 내용을 정확히 전달하기 위해서 가장 좋은 방법은 전달하고자 하는 내용에서 핵심만을 뽑아 여러 문장으로 요약하는 것이다. 20개의 핵심을 뽑아 20개의 문장을 만들었다면, 그 문장을 사용해 20장의 슬라이드를 만들면 전달하고자 하는 메시지가 된다.

문서용 슬라이드와 프레젠테이션용 슬라이드의 차이에 대해 파악하기 위해 다음 사례를 살펴보자.

사례 ❸

당사의 매출은 제품 A와 제품 Y로 이루어집니다. 제품 A가 전체 매출액 중 75%를, 제품 Y가 25%를 차지하고 있습니다. 반면 EBIT의 경우 제품 A는 25%, 제품 Y는 75%로 구성됩니다.

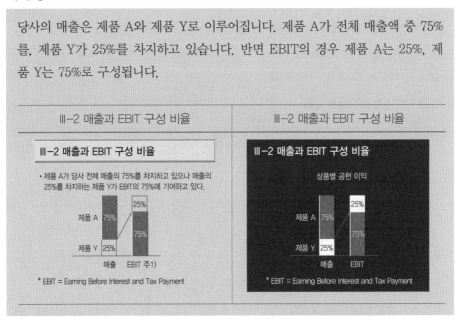

스티브 잡스의 프레젠테이션을 본 적이 있는가? 그의 프레젠테이션에는 전달하고자 하는 키워드와 도해만이 존재한다. 문서는 데이터가 완벽하고 세부적인 사항까지 적혀 있어야 하지만, 프레젠테이션 자료는 슬라이드 한 장에 하나의 메세지를 담고 있어야 한다. 이것이 바로 1:1의 법칙이다.

3 상황별 표현

1) 문서 표현을 시각화하는 방법[14]

문서 표현을 시각화하는 방법은 크게 세 가지로 나눌 수 있다.

- **차트 표현**: 개념이나 주제 등을 나타내는 문장 표현, 통계적 수치 등을 한 눈에 알아볼 수 있게 표현하는 것
- **데이터 표현**: 수치를 표로 나타내는 것
- **이미지 표현**: 전달하고자 하는 내용을 그림이나 사진 등으로 나타내는 것

이러한 표현 방법은 모두 문서를 효과적으로 나타내기 위한 시각화 방법으로, 간결하게 잘 표현된 그림 한 장이 한 페이지의 긴 글보다 훨씬 효과적이다. 이때 문서를 시각화하기 위해서는 보기 쉬워야 하고, 이해하기 쉬워야 하고, 다채롭게 표현되어야 하며, 숫자는 가급적 그래프로 표시해야 한다. 주의해야 할 점은 시각화란 단순히 깔끔한 표현이 아니라 반드시 전달할 메시지를 명확히 하는 것을 의미한다. 다음은 상황별 적절한 그래프 사용 방법이다.

2) 상황별 적절한 그래프 사용 방법

| 표 5-1 | 상황별 그래프 사용

그래프 예시	사용되는 상황
제품별 매출액 	세로 막대 그래프는 비교와 추이를 나타내기에 적합하다.
	가로 막대 그래프는 추이를 나타내기보다는 비교에 적합하다.

꺾은선 그래프	꺾은선 그래프는 시간의 경과에 따른 데이터의 변화나 추이를 나타내는 데 적합하다.
원 그래프	원 그래프는 총량에 대한 각 데이터의 비율을 표현하는 데 적합하다.
면 그래프	면 그래프는 각 항목의 변화와 전체 항목의 합계를 나타내거나 비교에 적합하다.
레이더 차트	레이더 차트는 조사 대상의 세부 영역 간 균형감을 비교할 때 적합하다.
도넛 그래프	도넛 그래프는 원 그래프의 일종으로, 대략적인 비율과 그 내역을 동시에 표현하는 데 적합하다.

14) 출처: 한국산업인력공단 직업기초능력 의사소통능력 학습자용 워크북 pp.78~79, 국가직무능력표준 홈페이지(http://www.ncs.go.kr)

표현을 시각화하여 메시지로 전달한다는 것은 상대방이 데이터를 상세히 읽지 않고도 전체적인 내용을 파악할 수 있도록 내용을 압축하여 짧게 표현하는 것이다.

다음을 표와 차트로 어떻게 작성할 것인지 고민해 보자.

사례 ④

반도체 산업이 모바일 기기의 다양화와 새로운 운영체계로 인하여 10년 만에 최대 호황기를 맞고 있다. 세계 반도체 시장은 매출 기준으로 2002년 1,400억 달러를 기점으로 내년인 2003년 3,000억 달러로 커질 것으로 예상된다. 2000년 초 IT 거품 붕괴와 PC 수요의 위축으로 수렁에 빠졌던 반도체 산업이 제2의 황금기를 맞게 될 것이다.

년도	시장 규모	이유
2002년	1,400억 원	• IT 거품 붕괴 • PC 수요 위축
2003년	3,000억 원	• 모바일 기기 다양화 • 신 운영체계 도입

반도체 시장 전망

전달하고자 하는 메시지를 앞에서 본 사례처럼 글로 작성하는 방법, 표로 작성하는 방법과 그래프로 작성하는 방법이 있다. 글로 작성할 경우 내용을 자세히 적을 수 있지만, 글을 읽는 상대방은 이해하기 어려울 수도 있다. 이해를 용이하게 하기 위해 표나 그래프를 덧붙이면 더욱 좋다.

프레젠테이션용 자료를 만들 경우 글보다는 표로, 표보다는 그래프로 작성하는 것이 바람직하다.

사례연구

트집 잡는 질문엔 어떻게 대응해야 하나?

'그동안 열심히 준비했다. 비록 우리 회사가 경쟁사에 비해 규모도 작고 네임밸류도 낮지만 우리는 젊고 패기가 넘치며 아이디어가 신선하다. 이번 제안 발표회를 통해 온라인 광고 대행권을 따올 수 있다.'

벤처회사를 운영 중인 A사장은 이동통신사 온라인 광고 대행권을 따내기 위하여 두 달 전부터 많은 노력을 해 왔다. 사실 설립한 지 1년도 안 된 규모 작은 회사가 이동통신사의 온라인 광고 대행권을 딴다는 것은 기적에 가까운 일이다.

드디어 제안 발표회가 시작되었다. A사장은 준비한 슬라이드를 넘기며 차근차근 설명을 이어 나갔다. 한참 프레젠테이션을 하고 있는데, 제안 발표회에 참석한 본부장이 한마디를 던졌다.
"왜 우리같이 큰 회사가 온라인 광고를 해야 하나? 이미 오프라인 광고도 많이 하고 있는데."

온라인 광고 대행권에 대한 공개 입찰인데, 갑자기 왜 온라인 광고를 해야 하는지를 물어 보자 A사장은 순간 당황스러웠다. 하지만 이내 '아, 저 사람이 트러블메이커구나'라는 생각을 했다.
트러블메이커는 프레젠테이션을 망치거나 발표자를 괴롭히고 자신이 원하는 결과를 도출하려고 하는 사람을 일컫는다.

제안 발표회 며칠 전에 프레젠테이션에 능통한 선배로부터 트러블메이커에 대처하는 방법을 배운 A사장은 조금의 동요도 없이 답변했다.
"아, 질문하신 내용에 대답을 하게 되면 시간이 오래 지체될 것 같습니다. 서 과장, 본부장님이 질문하신 내용 적어 놓았죠? 본부장님, 죄송하지만 질문하신 내용은 프레젠테이션이 다 끝난 후 답변을 드리도록 하겠습니다."

A사장은 전혀 당황하지 않고 침착하게 대응한 후 프레젠테이션을 계속 이어갔다. 이윽고 준비한 슬라이드를 모두 설명한 후, A사장은 본부장의 질문에 답변을 이어갔다.

결국 A사장은 성공적으로 프레젠테이션을 마쳤을 뿐만 아니라 아이디어의 참신성을 인정받아 이동통신사의 온라인 광고 대행권을 수주할 수 있었다.

교육적 시사점

- 트러블메이커는 본질적인 질문보다는 지엽적인 질문으로 발표자를 괴롭힌다. 발표자가 아무리 대답을 잘해도 트집을 잡아 이상한 방향으로 프레젠테이션이 흘러가도록 만든다.
- 트러블메이커에 대응하기 위해서는 프레젠테이션을 시작하기 전에 '질의 응답은 맨 마지막에 하겠다'고 말해 두는 것이 제일 좋다. 하지만 그렇게 하지 못했을 경우 [사례연구]에서와 같이 '우선 프레젠테이션을 진행하고, 마지막에 답변하겠다'고 대응하는 것도 좋은 방법이다.

탐구활동

1. 다음 문장을 문서용 슬라이드와 프레젠테이션용 슬라이드로 만들어 보자.

> 올해 당사의 클레임은 178건으로 집계되었습니다. 그중 제품 불량이 46건, 부품 결함이 22건, 배송 문제가 21건, 고객 응대 미숙이 62건, 사용 불편이 16건입니다.

2. 8:2의 법칙과 1:1의 법칙은 서로 어떤 관계가 있는지 작성해 보자.

3. 《손자병법》에서 '지피지기면 백전불태'라는 말이 의미하는 것은 무엇인지 작성해 보자.

4. 다음 문장을 그래프나 표로 작성해 보자.

> 9월 인도분 밀 선물가격은 14일 미국 캔자스 상품거래소에서 톤당 296달러에 거래됐다. 이는 지난해 같은 달에 비해 68% 급등한 것으로, 2000년 6월 이후 가장 높은 수준이다. 시카고 상품거래소에서 거래된 8월 옥수수 가격도 톤당 132달러로 지난해 같은 기간보다 34.7% 올랐다. 대두 가격도 톤당 346달러로 지난해보다 72.1%나 올랐다.

학습평가

정답 및 해설 p.219

1   의사전달을 위한 법칙 중 8:2 법칙에 대한 설명으로 적절하지 않은 것을 고르시오.

① 파레토의 법칙으로 인구의 20%가 부의 80%를 가지고 있다는 것이다.
② 시각으로 20%를 읽게 만드는 것을 의미한다.
③ 프레젠테이션용 서류에 적용되는 법칙이다.
④ 문서용 서류 작성 시 해당 법칙은 적용되지 않는다.

※ (   ) 안에 알맞은 말을 채워 넣으시오. (2~5)

2   한 장의 슬라이드에는 하나의 (   )이/가 있어야 한다.

3   조사 대상의 세부 영역 간 균형감을 비교할 때는 여러 그래프 중 (   )(으)로 표현하는 것이 좋다.

4   문서표현을 시각화하는 방법에는 차트 표현, (   ), (   )이/가 있다.

5   문서를 시각화하기 위해서는 보기 쉬워야 하고, (   )하기 쉬워야하며, 다채롭게 표현되어야 하며, 숫자는 가급적 (   )(으)로 표시해야 한다.

Tip

설득력 있는 의사표현 지침

1. 'YES'를 유도하여 미리 설득 분위기를 조성하라.
2. 대비 효과로 분발심을 불러 일으켜라.
3. 침묵을 지키는 사람의 참여도를 높여라.
4. 여운을 남기는 말로 상대방의 감정을 누그러뜨려라.
5. 하던 말을 갑자기 멈춤으로써 상대방의 주의를 끌어라.
6. 호칭을 바꿔서 심리적 간격을 좁혀라.
7. 상대방의 불평이 가져올 결과를 강조하라.
8. 권위 있는 사람의 말이나 작품을 인용하라.
9. 약점을 보여 주어 심리적 거리를 좁혀라.
10. 이상과 현실의 구체적 차이를 확인시켜라.
11. 자신의 잘못도 솔직하게 인정하라.
12. 동조 심리를 이용하여 설득하라.
13. 지금까지의 노고를 치하한 뒤 새로운 요구를 하라.
14. 담당자가 대변자 역할을 하도록 하여 윗사람을 설득하게 하라.
15. 겉치레 양보로 기선을 제압하라.
16. 변명의 여지를 만들어 주고 설득하라.
17. 혼자 말하는 척하면서 상대의 잘못을 지적하라.

– 한국산업인력공단 직업기초능력 의사소통능력 학습자용 워크북 pp.142~151 부분 발췌.
국가직무능력표준 홈페이지(http://www.ncs.go.kr)

제3절 엘리베이터 스피치

뛰어난 연설가로 유명한 미국의 제28대 대통령 우드로 윌슨은 강연에 대해 "1시간이 넘는 강연은 아무 준비도 필요하지 않다. 그러나 20분짜리 강연을 준비하려면 2시간 정도가 필요하고, 5분의 강연을 준비하기 위해서는 꼬박 하루를 준비해야 한다."고 말했다. 윌슨 대통령의 말은 오히려 짧은 시간에 의사전달을 하려면 더 많은 노력이 필요하다는 것을 의미한다.

핵심은 결코 길지 않다. 핵심을 파악하고 그 핵심을 1분 안에 명확히 상대방에게 전달해야 한다.

엘리베이터 스피치는 미국 할리우드에서 나온 말로, 엘리베이터를 타고 내릴 때까지의 약 60초 정도의 짧은 시간 안에 투자자의 마음을 사로잡을 수 있어야 함을 뜻하는 용어이다.

엘리베이터 스피치의 핵심은 어디에서든 짧은 시간 안에 상대방에게 자신이 말하고자 하는 내용의 핵심(예: 사업에 대한 제안, 투자 유치, 업무 보고 등)을 전달하는 것이다.

60초는 길지도 짧지도 않은 시간이다. 자기 자신에 대해 60초 동안 이야기해 보자. 그리 짧게 느껴지지 않을 것이다. 하지만 팔아야 할 물건, 투자를 유치해야 하는 사업, 업무 보고를 할 때 60초는 정말 짧은 시간이다.

엘리베이터 스피치를 연습하는 가장 좋은 방법은 자신이 하고자 하는 말을 10문장 정도의 단문으로 작성하는 것이다. 10문장의 단문을 단순히 나열식으로 작성하는 것이 아니고, [3장 문서작성능력]에서 배웠듯이 전달하고자 하는 핵심 내용과 상대방의 관심을 끌만한 내용을 우선적으로 배치한 후 자신의 의지를 담은 문장과 상대방으로 하여금 행동을 유발하는 문장을 포함하여 작성한다. 이를 반복적으로 연습한다면 엘리베이터 스피치 능력을 향상시킬 수 있을 것이다.

사례

세계적인 모바일 전자기기 회사에 다니는 마 차장은 영업 담당 상무로부터 이번에 새롭게 출시한 스마트폰을 중동 지역에 판매하기 위하여 시장 개척과 관련한 기획서를 작성하라고 지시받았다. 마 차장은 그 즉시 한국무역협회와 해외 마케팅 조사 기관을 통해 중동 지역의 스마트폰에 관한 시장 조사와 중동 지역 소비자의 특성에 관한 조사를 실시하였다. 조사를 하다 보니 중동 지역 소비자는 황금색을 선호한다는 조사 결과가 눈에 띄었다. 자사 스마트폰을 황금색으로 만든다면 신규 진출하는 중동 지역에 성공적으로 침투가 가능할 것 같았지만, 아쉽게도 회사에서는 황금색 스마트 폰에 대한 생산 계획이 없었다.

마 차장은 자신의 힘으로 연구 부서와 생산 부서의 관련자들을 모두 모아 회의를 진행하기에는 역부족임을 느꼈다. 그러던 어느 날, 마 차장은 상무와 복도에서 마주치게 되었다.

상무:　오, 마 차장. 오랜만이네요.

마 차장:　안녕하십니까? 상무님, 드릴 말씀이 있습니다. 저번에 지시하신 중동 지역 마케팅 기획안에 관한 일입니다. 시장 조사 결과, 중동 지역의 소비자는 황금색을 선호하는 것으로 나타났습니다. 중동 지역에서 출시한 미국의 모 스마트폰의 경우 황금색 스마트폰 매출이 그렇지 않은 색상보다 30% 이상 높습니다. 하지만 우리 회사는 아직 제품 라인에 황금색이 포함되어 있지 않습니다. 제가 연구 부서와 생산 부서의 관련자들을 소집하여 이 내용에 관한 회의를 진행하고자 하지만 쉽지 않습니다.

상무:　열심히 조사를 했군요. 관련자들을 모으기 힘들다니 내가 소집하도록 하죠.

마 차장:　네, 감사합니다.

상무:　그래요, 마 차장만 믿어요.

마 차장은 우연히 복도에서 마주친 상무와의 짧은 대화를 통해 '관련자 회의'라는 자신이 원하는 바를 이루게 되었다. 사례를 보면, 마 차장은 핵심 내용과 주요 내용으로 나누어 짧게 보고하였다. 이 사례에서 마 차장의 말을 요약하면 다음과 같다.

> • 저번에 지시하신 중동 지역 마케팅 기획안에 관한 일입니다.
> • 시장 조사 결과, 중동 지역의 소비자는 황금색을 선호하는 것으로 나타났습니다.
> • 중동 지역에서 출시한 미국의 모 스마트폰의 경우 황금색 스마트폰의 매출이 그렇지 않은 색상보다 30% 이상 높습니다.
> • 하지만 우리 회사는 아직 제품 라인에 황금색이 포함되어 있지 않습니다.
> • 제가 연구 부서와 생산 부서의 관련자를 소집하여 이 내용에 관한 회의를 진행하고자 하지만 쉽지 않습니다.

여기서 마 차장이 이야기하고자 하는 핵심 내용은 무엇인가? 중동 지역의 소비자는 황금색을 선호하니 우리 스마트폰도 황금색으로 만들어야 한다는 내용이다. 또한, 마 차장은 미국 스마트폰의 예를 들어 중동 지역에서 황금색 스마트폰의 매출이 30% 이상 높다는 사실을 들어 주장에 대한 근거로 활용하였으며 마지막으로 연구 부서와 생산 부서의 관련자들을 모아 달라는 요청까지 끝냈다. 마 차장은 이 모든 내용을 장문이 아닌 단문으로만 구성하였고, 핵심 내용, 주요 내용(근거 및 요청 사항)까지 짧은 시간 안에 상대방에게 보고할 수 있었다.

다음은 상대방에게 자사와 자사의 제품·서비스를 설명하기 위한 프레임워크(4W Framework)이다.

- Who: 내가 누구인가를 설명하는 단계이다. 나에 대해 자세히 설명할 필요는 없다. 다만 상대방이 나를 어떻게 기억하기를 희망하는지를 중심 내용으로 하여 작성하면 된다.
- What: 자사 제품·서비스의 결과물이 어떠한 가치를 갖고 있는가를 설명하는 단계이다.
- Why: 타사와 비교하여 자사의 제품·서비스가 갖고 있는 차별점을 설명하는 단계이다.
- Wish: 상대방에게 원하는 것을 현실적으로 명확히 설명하는 단계이다.

엘리베이터 스피치에 정도는 없다. 중요한 것은 상대방이 관심을 갖게끔 유도하고, 상대방이 이해하기 편하게 정리하여 전달하는 것이다. 학교에서 또는 직장에서 항상 짧은 시간에 상대방이 관심을 유발하며 이해하기 쉽게 이야기하는 연습을 지속적으로 하도록 하자.

사례연구

이 차장. 도대체 3일 동안 뭘 한거야?

이 차장이 재직 중인 회사는 경쟁사에 비해 생산 원가가 높다. 생산 원가가 높으니 수익률이 당연히 낮을 수밖에 없다. 이 문제를 타파하기 위하여 회사는 동종 업종은 아니지만, 'JIT(Just In Time)' 시스템을 도입하여 생산 원가를 대폭 낮추고 수익률을 높힌 기업을 찾아가 벤치마킹하기로 결정하였다. 그 후 기획팀에 있는 이 차장을 중심으로 TF팀을 구성하여 5명이 일본의 기업을 방문하였다.

첫째 날에는 일본 기업으로부터 JIT 시스템에 대한 설명을 듣고, 공장을 방문하였다.
둘째 날에는 공장에서 머무르면서 JIT 시스템이 어떻게 구현되는지를 직접 살펴보며 시간을 보냈다.
셋째 날에는 일본 기업이 JIT 시스템을 구현하기 위하여 생산 공정을 어떻게 재구성했는지, 납품업체와 함께 어떤 시스템을 추진했는지에 대한 내용을 들었다. 이를 통해 TF팀은 자신의 회사에 JIT 시스템을 도입하기 위해 해야 할 일에 대해 자세히 알 수 있었다.

3박 4일간의 짧은 일정이었지만, 이 차장은 정말 많은 것을 배울 수 있었다.
회사로 돌아온 이 차장은 화장실에 가던 중 오 상무를 만났다.
"이 차장, 이번에 벤치마킹 견학 다녀온 것은 어땠나?"
"네, 상무님. 첫째 날은 전반적인 설명에 대해 들었습니다. 둘째 날은 공장에 방문하여 견학을 했고요, 마지막 날은 시스템을 도입하기 위한 전반적인 설명을 들었습니다."

이 차장의 말에 오 상무는 못마땅한 표정을 지으며 되물었다.
"이 차장. 내가 3일 동안 이 차장이 무엇을 했는가를 물어본 게 아니잖아. 이 차장은 3일 동안 공장 견학하고 이야기만 듣다 돌아온 거야? 이번 벤치마킹이 우리 회사의 사활이 달린 일이라고 내가 누누이 말했는데, 도대체 뭐하고 온 거야?"

교육적 시사점

- 이 차장은 3일 동안 많은 것을 배우고, 회사에 JIT 시스템을 도입하기 위해 해야 할 일에 대해서도 많이 배웠다.
- 하지만 이 차장은 상대방이 원하는 대답, 그리고 자신이 전달해야 할 말은 제대로 하지 못했다.
- 만약 이 차장이 "상무님. 이번 벤치마킹 견학은 정말 잘했다고 생각합니다. 일본 기업을 방문하여 JIT 시스템을 우리 회사에 어떻게 적용할 것인가를 배워 왔습니다. JIT 시스템의 ~한 사항들은 바로 적용이 가능하리라 생각합니다."라는 식으로 말했다면, 오 상무의 반응은 전혀 달랐을 것이다.
- 상대방은 오래 기다려주지 않는다. 짧은 시간 안에 상대방의 관심을 끌어내고 핵심만 전달해야 한다. 이것이 바로 엘리베이터 스피치의 핵심이다.

탐구활동

1. 다음 상황에 맞게 엘리베이터 스피치를 연습해 보자.

〈이성과의 소개팅 자리에서 자신에 대한 소개〉

① 핵심 내용

② 주요 내용

〈기존 배달앱보다 우수한 앱을 제작한 회사의 CEO와 투자자의 미팅〉

① 핵심 내용

② 주요 내용

〈알래스카에 냉장고를 팔아야 하는 전자회사의 간부〉

① 핵심 내용

② 주요 내용

〈파스텔톤 색상의 스마트폰을 라인업에 포함시켜야 한다고 설득하는 회의〉

① 핵심 내용

② 주요 내용

2. 엘리베이터 스피치는 면접에도 활용할 수 있다는 장점이 있다. 최근 면접에서 자신에 대해 잘 설명했다고 느꼈던 적이 있었다면 그 경험을 작성해 보자.

3. 일렉트로닉 댄스 뮤직을 좋아하는 A와 서정적 발라드를 좋아하는 B는 이번 공연에서 같은 팀이 되었으나, 음악적 견해가 서로 달라 갈등이 발생하고 있다. A는 빠른 비트의 음악을 원하지만, B는 서정적인 발라드만 고집하고 있다. A의 입장에서 B를 어떻게 설득할 것인지 그 내용을 작성해 보자.

학습평가

정답 및 해설 p.219

1 엘리베이터 스피치를 위한 프레임워크인 4W에 대해 간단히 기술하시오.

① Who: _____

② What: _____

③ Why: _____

④ Wish: _____

※ (   ) 안에 알맞은 말을 채워 넣으시오. (2~4)

2 엘리베이터 스피치는 약 (   )초 이내의 짧은 시간 동안 상대방을 설득하는 기법이다.

3 엘리베이터 스피치를 연습하기 위해서는 (   )개 정도의 문장으로 된 단문을 작성하여 (   )와/과 주변 내용으로 구성하여야 한다.

4 엘리베이터 스피치의 핵심은 상대방이 (   )을/를 갖게끔 유도하고, 상대방이 (   )하기 편리하게 정리하여 전달하는 것이다.

원활한 의사표현을 위한 지침

1. 올바른 화법을 위해 독서하라.
2. 좋은 청중이 되어라.
3. 칭찬을 아끼지 마라.
4. 공감하고, 긍정적으로 보이게 하라.
5. 겸손은 최고의 미덕임을 잊지 마라.
6. 과감하게 공개하라.
7. '뒷말'을 숨기지 마라.
8. '첫마디' 말을 준비하라.
9. 이성과 감성의 조화를 꾀해라.
10. 대화의 룰을 지켜라.
11. 문장을 완전하게 말해라.

– 한국산업인력공단 직업기초능력 의사소통능력 학습자용 워크북 pp.134~137 부분 발췌,
국가직무능력표준 홈페이지(http://www.ncs.go.kr)

학/습/정/리

1. 의사소통을 할 때, 말하는 사람이 표현하는 내용은 듣는 사람의 연령, 성별, 가치관, 성격, 상황 등에 따라 다르게 해석될 수 있다. 효과적인 의사표현이란 나의 생각을 상대방에게 전달(보고)하고, 얻고자 하는 것을 설득하고, 나의 의견에 동조하게 만드는 것이다.

2. 프레젠테이션은 청중을 설득하기 위하여 사업의 목적이나 계획 등을 발표하는 것이다. 프레젠테이션은 일대일 또는 일대다의 상황에서 발생할 수 있기 때문에 상대방에 대한 정보를 수집·파악하여야 한다.

3. 프레젠테이션을 성공적으로 수행하기 위해서는 청중이 발표자의 설명을 통해 80%를 이해하게 만들어야 하며, 나머지 20%는 눈으로 이해하게 해야 한다. 프레젠테이션 자료는 슬라이드 한 장에 하나의 메시지를 담고 있어야 한다. 또한, 표, 차트, 이미지 등으로 시각화하여 표현하는 것이 좋다.

4. 트러블메이커는 본질적인 질문보다 지엽적인 질문으로 발표자를 괴롭히고 자신이 원하는 방향으로 프레젠테이션을 이끌어가는 사람을 일컫는다. 트러블메이커에 대응하는 가장 좋은 방법은 프레젠테이션을 시작하기 전에 "프레젠테이션이 끝난 후 질의 응답 시간을 따로 갖겠다."라고 말하는 것이다.

5. 엘리베이터 스피치는 미국 할리우드에서 시작된 말로, 엘리베이터를 타고 내리는 60초 정도의 짧은 시간 동안 투자자의 마음을 사로잡을 수 있어야 함을 뜻하는 용어이다. 엘리베이터 스피치의 핵심은 어디에서든 짧은 시간 안에 상대방에게 자신이 말하고자 하는 내용의 핵심을 전달하고 상대방의 행동을 유발하는 것이다.

6. 엘리베이터 스피치는 4W 프레임워크를 활용하여 연습할 수 있으며, 4W 프레임워크는 다음과 같다.

   1) Who: 상대방이 나를 어떻게 기억하기를 희망하는지를 중심 내용으로 하여 나를 설명

   2) What: 자사 제품·서비스의 결과물이 갖고 있는 가치를 설명

   3) Why: 타사와 비교하여 자사 제품·서비스가 갖고 있는 차별점을 설명

   4) Wish: 상대방에게 원하는 것을 현실적으로 명확히 설명

NCS

직업기초능력평가

의사
소통
능력

기초외국어능력

제 **❻** 장
기초외국어능력

제1절 기초외국어능력의 이해
제2절 기초외국어능력 향상

▶▶ **학습목표**

구분	학습목표
일반목표	학교 및 직장생활에서 필요한 기초외국어능력이 무엇인지 이해하고 상황에 따라 적절한 기초외국어를 구사하고 능력을 향상시킬 수 있다.
세부목표	1. 기초외국어능력의 개념 및 필요성을 설명할 수 있다. 2. 기초외국어능력이 필요한 상황과 종류를 설명할 수 있다. 3. 비언어적 표현 방법의 유형과 효과를 설명할 수 있다. 4. 기초외국어능력 향상을 위한 방법을 설명할 수 있다.

▶▶ **주요 용어 정리**

기초외국어능력

외국어로 된 간단한 자료를 이해하거나 외국인과의 전화 응대, 간단한 대화 등 외국인의 의사표현을 이해하고, 자신의 의사를 기초외국어로서 표현할 수 있는 능력이다.

사고력과 표현력

사고력은 자신이 전달하고자 하는 내용을 생각하는 능력이며, 표현력은 생각한 내용을 어떠한 형태로 표현할 것인가에 관한 능력이다.

제1절 기초외국어능력의 이해

우리가 살고 있는 현 시대는 국경을 초월한 개방화, 정보화, 세계화가 빠르게 이루어지고 있다. 세계 각국의 사람들과 함께 업무를 해야 하는 경우가 많아졌고, 정보를 얻기 위해 인터넷이라는 훌륭한 도구를 사용하기도 한다. 따라서 세계화 시대에 필요한 직장인이 되기 위해서는 기초외국어능력을 향상시켜야 한다. 현재 회사가 외국과 일을 하지 않는다고, 본인의 업무가 외국인을 상대하지 않는다고 이를 간과해서는 안 된다.

직업기초능력에서 정의하는 기초외국어능력의 정의와 중요성, 상황에 따른 필요성에 대해 알아보자.

1 기초외국어능력의 정의

직업기초능력에서는 기초외국어능력이 유창하지 않더라도 외국어로 의사소통을 하는 능력이라 정의한다. 의사소통의 형태는 다양하다. 지금까지 학습한 의사소통능력을 돌이켜보면 문서이해능력, 문서작성능력, 경청능력, 의사표현능력이 있다. 또한, 의사소통의 형태를 보면 언어적 의사소통과 비언어적 의사소통이 있다. 기초외국어능력도 마찬가지이다. 기초외국어능력을 향상시키기 위해서는 외국어로 작성된 간단한 문서를 이해하고, 문서를 작성할 수 있어야 하며, 외국인의 의사표현을 이해하고 유창하지 않더라도 외국어로 자신의 의사를 표현할 수 있어야 한다.

사례 ❶

> 중견 투자 회사에 다니는 최 차장은 회사에서 외국어 능력으로 인정받고 있다. 최근 회사가 인도네시아 칼리만탄 섬에 위치한 석탄 광산에 투자를 추진하고 있어, 영어를 잘하는 최 차장이 그 업무를 도맡아 진행하고 있다. 한 달 동안 인도네시아로 출장을 다녀온 후 한국으로 돌아온 최 차장은 휴가를 내고 잠시 쉬고 있었다.

가족과 제주도에 놀러간 최 차장이 간만에 편안히 쉬고 있었는데, 갑자기 회사에서 전화가 오기 시작했다. 같은 팀인 김 과장이었다.

"차장님, 이틀 전부터 외국에서 전화가 오는데, 차장님을 찾는 것 같아요. 지금 휴가 중이라고 말해도, 뭐라 뭐라하는데 무슨 말을 하는지 잘 이해를 못하겠어요."

아무래도 인도네시아 회사 관계자로부터 전화가 온 걸로 생각한 최 차장은 "알았어. 내가 한번 전화해 볼게."라고 말하고 인도네시아 관계자에게 전화를 걸어봤지만 상대방은 전화한 적이 없다고 한다. 최 차장은 슬슬 걱정이 되었다.

'이거 찝찝하네. 도대체 어디서 전화를 한 거지? 정부 관계자한테 온 전화인가?' 이 생각 저 생각이 많아진 최 차장은 도저히 놀고만 있을 수 없었다. 결국 최 차장은 가족과의 여행 일정을 앞당겨서 끝마치고 회사로 복귀할 수밖에 없었다.

앞에서 본 사례에서 만약 김 과장이 "최 차장님은 지금 휴가 중이라 자리에 없습니다. 전화 거신 분은 누구십니까? 최 차장님은 5일 뒤에 출근하십니다. 그때 다시 전화 주십시오. 급하신 상황이라면 제가 메시지 남겨 드리겠습니다."라는 간단한 의사표현을 할 수 있었다면 최 차장이 부랴부랴 회사로 돌아올 이유가 없었을 것이다.

2 기초외국어능력의 중요성

경제 규모가 작고, 자원이 많지 않은 우리나라는 경제 성장을 위해 다른 나라와 무역을 해야 한다. 다른 나라와 무역을 하기 위해서는 국제 통용어를 사용하거나 때로는 그 나라의 언어를 사용해야 한다. 이때 간단한 전화 응대, 이메일 사용, 문서 발송 및 수신, 외국 고객의 응대 등 다양한 상황에서 기초외국어능력이 필요하다.

1) 기초외국어가 필요한 상황

요즘은 해외 쇼핑몰에서 직접 제품을 구매하는 사람들이 많아졌다. 해외에서 제품을 구매하기 위해서는 영어로 된 사이트에 접속하여 제품에 대한 설명을 이해하고, 결제하고 배송을 선택해야 한다. 제품이 도착한 후 환불이나 교환에 대한 것도 처리해야 한다. 이러한 모든 과정에 필요한 것이 바로 기초외국어능력이다.

한때 기업에서 비즈니스 영어 교육이 성행했었다. 생활영어보다는 비교적 범위가 정해진 비즈니스 영어를 배우는 것이 더 쉬울 수 있다. 게다가 자신의 업무에 따라 발생할 수 있는 다양한 상황을 시나리오로 작성하여 배운다면 생활영어보다는 비교적 쉽게 익힐 수 있다.

무역을 담당하는 직원이라면 계약, 신용장 업무, 은행 업무, 보험 업무, 해외 운송 업무, 전화 응대, 클레임 발생 대처에 관한 외국어 능력이 필요할 것이고, 생산직 종사자는 외국어로 작성된 사용 설명서를 이해해야 하며, 비서는 전화 응대나 안내, 이메일 업무 등을 수행할 수 있어야 한다.

기초외국어능력은 꼭 영어만을 의미하는 것이 아니다. 자신의 분야에서 주로 상대해야 하는 외국인 고객이나 회사에 따라 요구되는 언어가 다양하다. 가장 중요한 것은 특정한 상황에서 외국어를 적절하게 구사하는 능력이다.

2) 사고력과 표현력

외국어로 의사소통을 한다는 것에 많은 부담을 가질 수 있다. 의사소통에서 가장 중요한 것은 전달하려고 하는 것을 제대로 표현하는 것이다. 전달하려고 하는 것은 사고력에 해당하고 표현하는 것은 표현력에 해당된다.

[3장 문서작성능력]에서도 배웠지만 긴 문장은 필요 없다. 내가 전달하고자 하는 내용을 단문으로 짧게 구성하여 표현하면 된다. 왠지 복문으로 작성해야 멋있을 것 같고, 우리가 배웠던 관계대명사, 관계접속사 등 다양한 문법을 구사하면 더욱 그럴듯해 보일 것 같다고 생각할 수 있다.

하지만 국어와 마찬가지로 어려운 문장 구성은 오히려 상대방을 헷갈리게 만든다. 상대방이 오해 없이 쉽게 이해할 수 있는 것은 바로 단문이다. 모든 문장을 단문으로 구성하여 내용을 전달하여도 전부 이해하고 알아듣는다.

방송에 나오는 외국인들의 경우 아주 서툴게 한국어로 말하고 때로는 단어만 말하지만 우리는 다 알아듣는다. 이를 역으로 생각해도 마찬가지다. 길에서 마주친 외국인이 길을 물어볼 때도 굳이 문법에 맞춰 정확하고 장황하게 말하려 노력하지 않아도 된다. 묻는 내용에 정확히 단어로만 이야기해도 다 알아 들을 것이다.

사례 ❷

> 신입사원 L씨. 그는 일본인 관광객을 대상으로 하는 여행사에 취직하였다. 하지만 그는 일본어를 전혀 하지 못한다. 일본어를 배운 것은 고등학교 때 제2외국어 시간이 전부이다. 입사 동기들은 대부분 외국어능력이 뛰어나다.
>
> 어느 날 L씨는 모두가 외근을 나간 사이 걸려온 전화를 받았는데, 상대방이 일본어로 이야기했다. 근무하는 부서가 일본 고객과 접촉이 빈번하지 않아 일본인이 건 전화를 받을 일이 없을 거라고 방심해 왔던 L씨는 순간 앞이 깜깜해지면서 어찌할 줄 몰라 그냥 전화를 끊어 버렸다. 얼마 후 L씨는 회사로 온 황 대리에게 그 사실을 이야기했고, 황 대리는 펄쩍 뛰며 L씨를 심하게 꾸짖었다.
>
> 이를 옆에서 보고 있던 장 과장이 "황 대리도 신입 땐 다 그랬잖아. 뭘 그리 심하게 이야기해. 잘 가르쳐 줘."라고 말했다.
> 자기가 좀 심했다고 생각한 황 대리는 L씨를 불러 노트 한 권을 건네주며 말했다. "나도 자네처럼 그런 적이 있었네. 그때 장 과장님이 나에게 주신 노트야. 노트에 적힌 것만 외워. 그러면 간단한 전화 응대는 가능해지니까."

앞에서 본 사례처럼 생각지도 못하게 외국인을 응대해야 하는 경우가 발생할 수 있다. 상황에 따라 간단한 표현을 익힌다면 L씨처럼 당황해서 전화를 끊는 경우는 없을 것이다.

❸ 비언어적 표현에 대한 이해

기초외국어 실력이 부족하여도 그들의 문화를 이해하고 표정이나 몸짓 등에서 표현되는 비언어적 의사표현을 이해한다면 어느 정도 기초적인 의사소통이 가능하다. 하지만 나라마다 문화와 환경이 달라 같은 동작이라고 하더라도 의미하는 바가 다를 수 있다.

예전에 방송에서 한 연예인이 외국인하고 이야기하고 헤어져 걸어가다 뒤를 봤더니 외국인이 손바닥을 아래로 흔들며 자기를 부르고 있길래, 무슨 일이 있나 하고 달려간 모습을 본 적이 있다. 알고 보니 그 외국인은 '잘 가'라는 의미로 손을 흔들고 있었던 거라고 말해서 웃었던 기억이 있다.

같은 동작인데도 나라마다 다른 의미를 갖고 있는 행동은 다음과 같다.

| 표 6-1 | 나라마다 다른 의미로 쓰이는 같은 행동

행동	국가별 의미
손바닥을 아래로 흔드는 손짓	• 극동, 중동 지역: 이리 오라는 뜻 • 서구: 잘 가라는 뜻
손가락으로 만드는 링	• 한국, 일본: 돈 • 미국: OK • 프랑스: 형편없다는 뜻 • 브라질, 중동, 러시아, 터키, 아프리카: 외설적 표현
엄지 세우기	• 대부분 국가: 최고 • 독일: 1(하나) • 일본: 5(다섯) • 태국, 남미, 서아프리카, 그리스, 러시아, 남부 이탈리아: 욕 • 호주: 무례한 거절의 표현
손바닥이 보이는 브이(V) 표시	• 유럽: 승리 • 그리스: 욕
손등이 보이는 브이(V) 표시	• 영국, 프랑스: 욕 • 그리스: 승리
머리를 위 아래로 끄덕이는 행위	• 한국: 동의, 긍정 • 불가리아, 그리스: 부정
동성 간 어깨동무	• 한국: 친밀함 • 서구: 동성연애자
윙크	• 영국: 이야기를 재미있게 듣고 있다는 표현 • 대만, 인도: 모욕

보디랭귀지는 만국 공통어라고 한다. 막상 외국인을 만나 보디랭귀지로 설명해도 소통이 되는 경우가 많지만, 자칫 보디랭귀지를 잘못 사용하면 상대방을 불쾌하

게 만들 수도 있기 때문에 나라별로 조심해야 할 보디랭귀지를 알아 두는 것이
좋다.

국가별 비언어적 의사표현법[15]
- **러시아**: 스스로에게 화가 났을 때, 손을 펴서 자기 이마를 친다.
- **아랍권 국가들**: 'No'의 의미로 머리를 뒤로 젖히고 눈썹을 치켜 올린다.
- **중국**: 놀라거나 어려운 일을 당했을 때 말없이 고개를 좌우로 젓는다.
- **일본**: 팔짱을 끼고 서 있으면 깊이 생각하고 있다는 뜻이다.

사례 ❸

> 이 과장의 회사에 외국인 고객이 방문했다. 응대를 맡은 이 과장은 외국어로 의
> 사소통을 하는 것이 부담스럽고 긴장이 되기도 하여 자료에 시선을 고정시키고
> 다리를 흔들며 이야기를 나누었다.
> 외국인 고객이 웃긴 얘기를 해도 웃을 여유가 없었다. 그러다보니 자신도 모르게
> 펜도 돌리고 있었다.
> 이 과장의 행동을 본 외국인 고객이 갑자기 일어나 그만 대화를 나누자는 말을
> 남기고 나가 버렸다. 이 과장은 영문을 알 수 없어 의자에 가만히 앉아 있었다.

앞에서 본 사례에서 이 과장은 상대방을 쳐다보지 않고 자료만 보고 이야기하고
있었으며, 다리를 흔들고 있었고, 무표정하게 말을 하고, 펜을 돌리고 있었다. 상
대방은 이 과장의 이런 행동에 상당히 불쾌감을 느낀 것이다.

방송을 보면 상대적으로 우리나라 사람보다 외국인이 유독 리액션이 강한 것을
볼 수 있다. 상대방의 말에 리액션을 한다는 것이 그들에게는 '당신이 하고 있
는 말을 내가 잘 듣고 있다'는 것을 의미한다. 외국인을 대하든, 아니면 한국인을
대하든 항상 상대의 말을 경청하고 그에 대한 반응을 보이는 자세가 매우 중요
하다.

사례연구

이걸 어떻게 한담

벤처회사를 운영하는 A사장은 얼마 전 있었던 이동통신사 온라인 광고 대행권을 따낸 뒤, 여러 기업에서 온라인 광고 대행 의뢰가 들어와 행복하다. 그는 국내 온라인 광고시장을 위하여 미디어를 통합해 관리하기 위한 시스템 개발에 착수하였다. 그리고 얼마 후 국내 유명 포털 사이트에 광고 시스템을 연동하여 효과적으로 온라인 광고를 관리할 수 있게 되었다.

A사장의 아이디어의 참신성과 추진력을 높이 산 일본 투자 회사가 어느 날 A사장에게 미팅을 요청하였다. A사장은 영어에 능숙하지 못할뿐더러 일본어는 인사말 정도만 알고 있었다.
물론 통역과 함께하면 문제없지만, 과연 어려운 전문 용어들을 통역사가 제대로 통역해줄 수 있을지 걱정스러웠다.

A사장은 언제나 아낌없이 조언을 해주는 선배를 찾아가 이에 대해 상의하였다. A사장의 이야기를 듣고 선배가 말했다.
"그럼 간단한 인사말과 너희 시스템에 대한 강점, 그리고 향후 확장 계획을 간단하게 적어서 미리 일본어로 번역한 다음 열심히 외워."

선배의 말에 A사장은 사무실로 돌아와 자신이 개발한 광고 시스템에 대한 설명 자료를 만들기 시작했다. 지웠다 다시 쓰기를 수십 번. 통역사에게 미리 양해를 구해 자신이 작성한 문서를 보내고, 3일 후에 통역사로부터 일본어로 번역된 문서를 받았다. 통역사는 친절하게 일본어로 된 문장 밑에 한국어로 일본 발음을 적어 주었다.

A사장은 그때부터 열심히 문서를 외웠다. 외우고 또 외우고를 반복하고, 저녁 약속을 모두 거절한 채 열심히 자연스럽게 말할 수 있을 때까지 외웠다.
드디어 일본 투자회사와의 미팅 당일. 자연스럽게 인사를 건네고, 회의실에 들어온 A사장은 자신의 광고 시스템이 갖춘 장점 및 향후 확장 계획까지 일본어로 무리 없게 발표하였다. 물론 상세한 내용은 통역사를 통해 도움을 받았다.

---

15)   출처: 한국산업인력공단 직업기초능력 의사소통능력 학습자용 워크북 p.165 부분 발췌, 국가직무능력표준 홈페이지
(http://www.ncs.go.kr)

사전에 A사장이 일본어를 전혀 못한다는 이야기를 듣고 방문했던 일본 투자사 임원과 담당자들은 A사장의 노력과 열정에 큰 감명을 받았다. 그들은 일본으로 돌아간 후, 한 달이 채 지나지 않아 투자 결정을 내렸고, 투자 조건 역시 A사장에게 유리한 조건으로 제시하였다.

교육적 시사점

- 일본어를 전혀 하지 못하는 A사장은 일본 투자자들과 미팅을 해야 한다는 부담감이 컸을 것이다. 통역사를 통해 의사를 전달하는 것은 번거롭고 생각만큼 쉽지가 않다.
- 하지만 A사장은 돌파구를 찾아냈다. 자신의 업무와 관련된 내용들을 요약·정리하여 외국어로 번역한 후 열심히 외우고 연습한 것이다. 이처럼 기초외국어 능력이 떨어진다고 하여도 자신의 업무에 필요한 내용들을 상황별로 정리하여 외국어로 연습하는 노력을 쏟아야 한다.

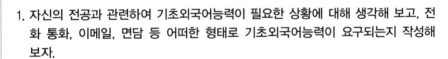

1. 자신의 전공과 관련하여 기초외국어능력이 필요한 상황에 대해 생각해 보고, 전화 통화, 이메일, 면담 등 어떠한 형태로 기초외국어능력이 요구되는지 작성해 보자.

〈전공과 관련하여 기초외국어능력이 필요한 상황〉

〈필요한 기초외국어능력의 형태〉

2. 사무실에 혼자 있는 상황에서 갑자기 전화가 울려 받아보니 외국인이다. 이럴 때 어떻게 할 것인지 대처 방안을 작성해 보자.

〈한국어로 응대할 내용〉

〈영어, 중국어 또는 관심 있는 외국어로 응대할 내용〉

정답 및 해설 p.219

※ 다음 문장의 내용이 맞으면 ○, 틀리면 ×에 ✓표시를 하시오. (1~3)

1 기초외국어능력은 외국인과 능수능란하게 의사소통을 하는 것을 의미한다. (○, ×)

2 외국인 고객을 상대하지 않는 업무를 맡고 있다면 기초외국어능력이 필요 없다. (○, ×)

3 외국인과 대화할 때는 그들의 비언어적 의사표현에도 집중해야 한다. (○, ×)

4 ( ) 안에 알맞은 말을 채워 넣으시오.

> 의사소통에서 가장 중요한 것은 전달하려고 하는 것을 제대로 표현하는 것이다. 전달하려고 하는 것은 ( )에 해당하고 표현하는 것은 ( )에 해당된다.

5 외국인과의 의사소통 시 비언어적 의사소통에 대한 내용으로 적절하지 않은 것을 고르시오.

① 외국인과 이야기할 때 눈을 마주치며 이야기하는 것은 무례한 행동이다.

② 보디랭귀지는 잘못 사용하면 외국인에게 불쾌감을 준다.

③ 영국이나 프랑스에서는 손등이 보이는 브이(V) 표시를 함부로 하면 안 된다.

④ 상대의 말에 리액션을 적절하게 해줘야 한다.

Tip

외국인의 비언어적 표현방식

1. 표정으로 알아채기

외국인과 대화할 때, 그들의 감정이나 생각을 가장 쉽게 알 수 있는 것이 얼굴 표정이다. 눈을 마주 쳐다보는 것은 흥미와 관심이 있음을, 그리고 눈을 마주치지 않는 것은 무관심하다는 것을 의미한다.

2. 음성으로 알아채기

상대방의 목소리나 어조, 크기, 말의 속도 등이 중요한 표현의 방식이 되기도 한다.

1) 어조
   ① 높은 어조: 적대감이나 대립감
   ② 낮은 어조: 만족이나 안심

2) 목소리 크기
   ① 큰 목소리: 내용 강조, 흥분, 불만족
   ② 작은 목소리: 자신감 결여

3) 말의 속도
   ① 빠른 속도: 공포나 노여움
   ② 느린 속도: 긴장 또는 저항

– 한국산업인력공단 직업기초능력 의사소통능력 학습자용 워크북 p.166 부분 발췌,
국가직무능력표준 홈페이지(http://www.ncs.go.kr)

제2절 기초외국어능력 향상

몇 년 전 한 방송사에서 왜 한국인은 오랜 기간 영어를 배웠음에도 외국인과 대화를 못하는가에 의문을 던지며 공부 방법이 잘못된 것이 아닌지에 초점을 맞추어 연예인과 일반인 몇 명을 섭외해 영어 공부를 시킨 적이 있었다. 그때 참가자들에게 시킨 영어 공부는 별게 아니었다. 하루에 주어진 문장을 큰 소리로 몇 번이고 반복해서 읽게 한 것이다. 몇 달이 지난 후 참가자들에게 외국인과의 대화 미션이 주어졌다. 그 결과 대부분의 참가자들이 처음과는 다르게 외국인과 대화하는 데 쑥스러워하지 않았으며 더듬거리지만 어떻게든 대화를 이어가려고 노력하였던 모습이 기억난다.

태어난 지 얼마 안 지난 아이들이 말을 배우는 과정을 생각해 보자. 부모들은 아이에게 끊임없이 말을 건넨다. 물론 그 아이는 부모의 말을 알아듣지 못한다. 하지만 '엄마, 아빠'란 말을 계속 들려 주면 언젠가 그 아이가 '엄마, 아빠'를 말한다. 그 과정이 지나면 말문이 트이기 시작한다. 말문이 트인 후 몇 년이 지나면 그때부터 부모는 아이에게 글자를 가르치기 시작한다. 우리가 외국어능력을 향상시키기 위해서 해야 할 방법도 마찬가지다. 일단 말하기를 먼저 배워야 한다. 하루에 문장 몇 개씩 끊임없이 큰 소리로 말하는 연습을 통해 일단 자신감을 얻도록 해야 한다.

요즘 지하철이나 길거리에서 외국인들을 자주 보게 된다. 외국인들은 지도를 들고 여기저기 헤매다 결국 지나가는 사람에게 길을 물어 본다. 옆에서 유심히 보고 있으면, 몇몇 사람들은 잘 못하는 영어로 어떻게든 도와 주려고 한다. 심지어 지나가는 다른 한국 사람에게 물어봐서 가르쳐 주는 경우도 있다.
외국어를 배운다는 것은 결국 그 언어를 사용하는 사람과 의사소통을 하겠다는 것이다. 말을 못하면 외국어능력을 보유하고 있다고 말할 수 없다. 기초외국어능력을 향상시키기 위한 방법은 다음과 같다.

1) 목적을 정해야 한다.

내가 왜 외국어를 공부해야 하는지 목적을 정해야 한다. 목적을 정하지 않으면 동기가 생기지 않는다. 스스로 계속 동기를 부여하기 위하여 목적을 정하도록 해야 한다.

2) 끊임없이 반복하자.

아기가 '엄마', '아빠'를 말하게 된 것은 부모가 옆에서 계속 '엄마', '아빠'를 말해 준 덕분이다. 외국어도 끊임없는 반복이다.

3) 시간을 투자하자.

개인 생활, 회사 생활에 집중하다 보면 외국어 공부를 빼먹을 수가 있다. 힘들어도 가급적 하루도 빼먹지 말고 매일매일 30분~1시간 정도 공부하는 것이 좋다. 한 번쯤 빼먹고 싶을 땐, 내가 정했던 목표를 다시 떠올리며 마음을 다스리는 것도 좋은 방법이다.

4) 자투리 시간을 활용하자.

지하철, 버스 등에서 졸거나 스마트폰으로 게임을 하기보다는 외국어 단어나 문장을 외우는 것도 좋다. 대중교통으로 출퇴근하는 데 각각 30분 정도 걸린다고 가정하면 하루에 1시간, 한 달이면 약 20시간을 외국어 공부에 투자하는 것이다.

5) 수줍어하지 말자.

수줍어하면 외국인과 말을 나눌 수 없다. 문법에 맞지 않아도, 단어가 틀려도 외국인은 어느 정도 그 의미를 알아듣는다. 수줍어 하지 말고 적극적으로 대화를 하도록 한다.

6) 업무를 위한 외국어도 준비하자.

언제, 어디서 외국인과 마주칠지 모르고, 언제 함께 일하게 될지도 모르므로 업무에 필요한 간단한 외국어는 미리 정리해 놓고 외워 두도록 한다.

7) SNS를 적극적으로 활용하자.

SNS는 외국인과 접촉이 쉽다는 장점이 있다. SNS를 활용하면 많은 외국인들과 이야기를 나눌 수 있다.

사례

대학원 시절 일본 애니메이션을 정말 좋아하는 선배가 있었다. 그 당시 일본 애니메이션은 우리나라에 들어오지도 못했던 시절이다. 선배는 애니메이션을 구하기 위해 청계천이나 용산 일대를 돌아다니며 비디오 테이프를 하나씩 구입하였다.

선배말로는 비디오 테이프가 늘어져 더 이상 볼 수 없을 때까지 봤다고 한다. 그 당시는 자막도 없던 시절이라 화면과 일본어에 집중해 시청한 것이다.

그렇게 3~4년이 지난 후 어느 날, 애니메이션을 보는데 무슨 말을 하는지 갑자기 이해가 가기 시작했다고 한다.

그 당시 우리 대학교는 일본 대학과 공동 강의를 추진 중이었고, 일본 대학의 교수들과 학생들이 방문하였다. 그때 선배의 진가가 발휘되었다. 애니메이션을 통해 익힌 일본어로 그들과 스스럼없이 대화를 나눈 것이다. 그런 선배의 모습을 보고 우리 모두 깜짝 놀랐었다.

더 놀라운 것은 그 선배는 일본어를 읽을 줄은 모른다는 것이다. 히라가나·카타카나 공부도 안 했으니 당연히 모를 수 밖에….

앞에서 본 사례는 필자의 지인의 일화를 바탕으로 구성한 것이다. 그 당시 일본인 교수들과 영어로 대화를 나누고 있었던 우리 측 교수들은 선배가 일본어를 너무 잘하자 그때부터 그 선배를 통역으로 썼었다. 만약 지금처럼 애니메이션 영상에 자막이 있었다면, 아마 자기는 일본어를 익히지 못했을 거라던 선배의 말이 기억난다.

사례연구

그래, 당분간 일본어에 집중하자

얼마 전 일본 투자회사로부터 좋은 조건으로 투자를 받은 A사장. 회사 운영자금이 풍부해지니 그동안 생각으로만 그쳤던 것들을 하나씩 실현시킬 수 있다는 생각에 기뻐했다. 멘토와 같은 선배와 저녁식사를 하며 이런 저런 이야기를 나누던 자리에서 갑자기 선배가 A사장에게 한마디 했다.

"축하하네. A사장. 앞으로 자네 일본어 공부를 열심히 해야 할 거야."

일본어 공부를 할 생각이 전혀 없었던 A사장은 반문한다. "예? 갑자기 왜 일본어 공부를?" 선배는 한심하다는 듯이 A사장을 쳐다봤다. "이런. 자네 투자자와 회사 운영에 관해 이야기를 나누지 않을 거라 생각하나? 하다못해 몇억 원을 투자해도 회사가 제대로 운영되고 있는지 궁금해 하는 것이 바로 투자자라네. 그들은 돈이 남아 돌아서 투자했을 것이라 생각하나? 게다가 일본은 우리와 문화나 행동 방식이 다르네. 자네가 무심코 한 행동이 일본인들에게는 거북한 행동일 수도 있네. 언어와 그들의 문화나 관습, 습성에 대한 이해도 필요하네."

그날 이후 A사장은 일본 투자자 방문 당시 도움을 준 통역사를 회사 직원으로 채용하고, 회사 전 직원을 대상으로 일본어 교육을 진행하였다.

A사장도 직원들과 함께 일본어 교육을 받았고, 시간이 날 때마다 통역사와 커피를 마시며 일본의 문화와 일본인들의 행동 방식에 대해 하나둘씩 배웠다.

6개월 뒤, 일본 투자회사의 임원진이 A사장의 회사에 방문하였다.

유창하지는 않지만 6개월 전보다 일본어 구사능력이 향상된 A사장을 만나본 일본인 임원과 담당자는 매우 기뻐하며 자신들의 안목이 틀리지 않았음을 확신했다.

이후에도 A사장은 일본어 공부를 게을리하지 않았고, 2년이 지나 드디어 통역 없이도 자유자재로 일본어로 대화하는 것이 가능해졌다.

교육적 시사점

- 외국어를 유창하게 하기 위해서는 오랜 시간이 걸린다. 하지만 우리에게 중요한 기초외국어능력은 유창한 의사소통이 아니라 간단한 의사소통능력이다.
- 기초외국어능력을 향상시키는 노력과 더불어 그 나라의 문화, 생활습관, 관습 등에 대한 이해도 중요한 부분임을 잊지 말아야 한다.

탐구활동

외국어 공부의 목적과 하루 평균 공부 시간을 작성해 보자.

〈외국어 공부를 하고 있는 목적〉

〈하루 평균 공부 시간〉

학습평가

정답 및 해설 p.219

※ 다음 문장의 내용이 맞으면 ○, 틀리면 ×에 ✓표시를 하시오. (1~5)

1   외국어를 공부하는 목적은 공부를 진행하면서 찾는 것이 좋다. (○, ×)

2   외국어를 공부할 때는 반복 학습보다는 진도를 빠르게 나가는 것이 도움이 된다. (○, ×)

3   대화 중에 문장을 틀리는 것은 실례이므로 완벽히 외국어를 공부한 다음에 외국인과 대화를 나누어야 한다. (○, ×)

4   외국어능력뿐만 아니라 그 나라의 문화, 관습, 행동양식 등을 알아야 한다. (○, ×)

5   SNS를 적극적으로 활용하는 것은 외국어 실력을 키우는 데 도움이 된다. (○, ×)

《난생 처음 쓰는 영어일기 직장인 편》

영어 문서 작성이 힘든 직장인, 먼저 영어일기를 써라!
- 매일 영어일기로 훈련하고 자신있게 영어 문서를 써 보세요!
- 영어일기로 영어 작문에 꼭 필요한 기본 영문법과 필수 패턴을 익히세요!
- 놓치기 쉬운 영어식 표현까지 꼼꼼하게 챙기세요.

특징
- 50개의 기본 영문법과 필수 패턴을 공략함으로써 웬만한 내용은 모두 영어로 쓸 수 있게 한다.
- 매 페이지마다 직접 써보는 코너를 마련해 한 장 한 장 채워 가는 재미가 있다.
- 주제 중심 글쓰기의 기본을 다져 주어 영어 글쓰기의 탄탄한 기초를 세운다.

《난생 처음 쓰는 영어일기 직장인 편》의 3단계 학습법
- Step 1: 기본 영문법, 필수 패턴 알아보기

  영어로 글을 쓰기 전에 영작문에 꼭 필요한 기본 영문법과 필수 패턴 50가지를 짚고 넘어가세요. 기본기가 탄탄할수록 영어 실력은 더욱 빠르게 성장합니다.

- Step 2: 헷갈리는 표현 바로잡기

  무심결에 혼동하기 쉬운 표현들을 바로잡아 보세요. should와 must의 차이는 무엇인지, say와 tell의 쓰임은 어떻게 다른지 기본 어법부터 어감까지 익힌다면 더욱 완벽한 영어 문장을 쓸 수 있습니다.

- Step 3: 영어일기 쓰기

  먼저 제시된 한글일기를 보며 천천히 작문을 해 보고, 틀린 부분을 체크하며 조심해야 할 부분을 다시 한 번 확인하세요. 마지막으로 나의 일상 생활을 직접 쓸 수 있도록 구성했습니다.

- 《난생 처음 쓰는 영어일기 직장인 편》, 2013, 출판사 서평, 넥서스

학/습/정/리

1. 기초외국어능력은 유창하지 않더라도 외국어로 의사소통을 하는 능력이다. 즉, 외국어로 작성된 문서를 이해하고, 문서를 작성할 수 있어야 하며, 외국인의 의사표현을 이해하고 유창하지 않지만 자신의 의사를 외국어로 표현할 수 있어야 한다.

2. 기초외국어 실력이 부족하더라도 그들의 문화를 이해하고 표정이나 몸짓 등에서 표현되는 비언어적 의사표현을 이해한다면 어느 정도 기초적인 의사소통이 가능하다. 하지만 나라마다 문화와 환경이 달라 같은 동작이라고 하더라도 의미하는 것이 다를 수 있기 때문에 주의하여야 한다.

3. 기초외국어능력을 향상시키기 위한 방법은 다음과 같다.

   1) 목적을 정해야 한다. 목적을 정하지 않으면 동기가 생기지 않는다. 스스로 계속 동기를 부여하기 위하여 목적을 정해야 한다.

   2) 끊임없이 반복한다. 끊임없이 반복하여 익숙해져야 한다.

   3) 시간을 투자한다. 하루도 빼먹지 말고 매일매일 30분~1시간 정도 공부한다. 한 번쯤 빼먹고 싶을 땐. 내가 정했던 목표를 다시 떠올리며 마음을 다스린다.

   4) 자투리 시간을 활용한다. 지하철이나 버스로 이동할 때 단어나 문장을 하나라도 더 외운다.

   5) 수줍어하지 않는다. 수줍어하면 외국인과 말을 나눌 수 없다. 문법에 맞지 않아도, 단어가 틀려도 상대방은 알아들을 수 있다. 그러므로 수줍어하지 말고 적극적으로 대화를 한다.

   6) 업무를 위한 외국어도 준비한다. 언제, 어디서 외국인과 마주칠지 모른다. 그러므로 업무에 필요한 간단한 외국어는 미리 정리해놓고 외워놓는다.

   7) SNS를 적극적으로 활용한다. SNS는 외국인과 접촉이 쉽다는 장점이 있다. SNS를 활용하여 많은 외국인들과 이야기를 나누도록 한다.

사후 평가[16)]

체크리스트

직업기초능력으로서 의사소통능력을 학습한 것을 토대로 다음 표를 이용하여 자신의 수준에 해당되는 칸에 ✔ 표 하시오.

구분	문항	매우 미흡	미흡	보통	우수	매우 우수
의사소통 능력	1. 나는 의사소통의 중요성을 설명할 수 있다.	1	2	3	4	5
	2. 나는 의사소통의 능력과 종류를 구분하여 설명할 수 있다.	1	2	3	4	5
	3. 나는 의사소통을 적절히 하여야만 하는 이유를 설명할 수 있다.	1	2	3	4	5
	4. 나는 올바른 의사소통을 저해하는 요인에 대해 설명할 수 있다.	1	2	3	4	5
	5. 나는 효과적인 의사소통능력을 개발하기 위한 방법을 설명할 수 있다.	1	2	3	4	5
문서이해 능력	1. 나는 문서가 무엇인지 설명할 수 있다.	1	2	3	4	5
	2. 나는 문서이해의 개념 및 특성에 대하여 설명할 수 있다.	1	2	3	4	5
	3. 나는 문서이해의 중요성에 대하여 설명할 수 있다.	1	2	3	4	5
	4. 나는 문서이해의 구체적인 절차와 원리를 설명할 수 있다.	1	2	3	4	5
	5. 나는 문서를 통한 정보 획득 및 종합 방법을 설명할 수 있다.	1	2	3	4	5
	6. 나는 다양한 문서의 종류를 구분하여 설명할 수 있다.	1	2	3	4	5
	7. 나는 다양한 문서에 따라 각기 다른 이해 방법을 알고 있다.	1	2	3	4	5
	8. 나는 문서이해능력을 키우기 위한 방법을 알고 설명할 수 있다.	1	2	3	4	5
	1. 나는 직업생활에서 필요한 문서가 무엇인지 확인할 수 있다.	1	2	3	4	5
	2. 나는 문서를 작성해야 하는 목적 및 상황을 파악할 수 있다.	1	2	3	4	5

		1	2	3	4	5
문서작성 능력	3. 나는 내가 주로 작성하는 문서가 어떻게 작성되어야 하는지 방법을 설명할 수 있다.	1	2	3	4	5
	4. 나는 문서의 종류에 따라 적절하게 문서를 작성할 수 있다.	1	2	3	4	5
	5. 나는 문서작성에서 시각적인 표현의 필요성을 설명할 수 있다.	1	2	3	4	5
	6. 나는 문서작성에서 시각적인 표현을 효과적으로 사용할 수 있다.	1	2	3	4	5
경청능력	1. 나는 경청의 개념을 설명할 수 있다.	1	2	3	4	5
	2. 나는 경청의 중요성을 설명할 수 있다.	1	2	3	4	5
	3. 나는 올바른 경청을 방해하는 요인들을 설명할 수 있다.	1	2	3	4	5
	4. 나는 효과적인 경청 방법에 대해 설명할 수 있다.	1	2	3	4	5
	5. 나는 경청 훈련을 통하여 올바른 경청 방법을 실천할 수 있다.	1	2	3	4	5
의사표현 능력	1. 나는 의사표현의 개념을 설명할 수 있다.	1	2	3	4	5
	2. 나는 의사표현의 중요성을 설명할 수 있다.	1	2	3	4	5
	3. 나는 원활한 의사표현을 방해하는 요인들을 설명할 수 있다.	1	2	3	4	5
	4. 나는 효과적인 의사표현법에 대해 설명할 수 있다.	1	2	3	4	5
	5. 나는 설득력 있는 의사표현을 실천할 수 있다.	1	2	3	4	5
기초외국 어능력	1. 나는 직업생활에서 필요한 기초외국어능력이 무엇인지 설명할 수 있다.	1	2	3	4	5
	2. 나는 직업생활에서 기초외국어능력이 왜 필요한지 설명할 수 있다.	1	2	3	4	5
	3. 나는 기초외국어능력이 필요한 상황을 알 수 있다.	1	2	3	4	5
	4. 기초외국어능력으로서 비언어적 의사소통법을 설명할 수 있다.	1	2	3	4	5
	5. 나는 기초외국어능력을 향상시키는 방법을 설명할 수 있다.	1	2	3	4	5

---
16) 출처: 의사소통능력 학습자용 워크북 pp.173~175 부분 발췌, 국가직무능력표준 홈페이지(http://www.ncs.go.kr/ncs/page.do?sk=index)

평가 방법

체크리스트의 문항별로 자신이 체크한 결과를 아래 표를 이용하여 해당하는 개수를 적어 보자.

학습모듈	점수		총점	총점/문항 수	교재 Page
의사소통능력	1점 × ( )개			총점/5 = ( )	pp.14~51
	2점 × ( )개				
	3점 × ( )개				
	4점 × ( )개				
	5점 × ( )개				
문서이해능력	1점 × ( )개			총점/8 = ( )	pp.54~77
	2점 × ( )개				
	3점 × ( )개				
	4점 × ( )개				
	5점 × ( )개				
문서작성능력	1점 × ( )개			총점/6 = ( )	pp.80~127
	2점 × ( )개				
	3점 × ( )개				
	4점 × ( )개				
	5점 × ( )개				
경청능력	1점 × ( )개			총점/5 = ( )	pp.130~151
	2점 × ( )개				
	3점 × ( )개				
	4점 × ( )개				
	5점 × ( )개				

의사표현능력	1점 × ( )개		총점/5 = ( )	pp.154~189
	2점 × ( )개			
	3점 × ( )개			
	4점 × ( )개			
	5점 × ( )개			
기초외국어능력	1점 × ( )개		총점/5 = ( )	pp.192~211
	2점 × ( )개			
	3점 × ( )개			
	4점 × ( )개			
	5점 × ( )개			

평가 결과

모듈별 평균 점수가 3점 이상이면 '우수', 3점 미만이면 '부족'이므로, 평가 수준이 '부족'인 학습자는 해당 학습모듈의 교재 Page를 참조하여 다시 학습하십시오.

NCS
직업기초능력평가

의사
소통
능력

정답 및 해설

정답 및 해설

제1장 1절 p.24

1 정답: ① 공식적
② 업무 외적인 의사소통
③ 업무 협조
2 정답: 왜곡, 변형, 삭제, 소멸
3 정답: 성격, 가치관, 문화, 경험
4 정답: 반응
5 정답: 친화형 메시지, 존중형 메시지, 지배형 메시지

제1장 2절 p.36

1 정답: 왜곡, 빠름, 높음
2 정답: 객관적
3 정답: 앨버트 메러비언, 보디랭귀지, 시각, 청각
4 정답: 폐쇄적 질문, 정보

제1장 3절 p.49

1 정답: 인간적
2 정답: 사회문화적
3 정답: 조직 구조적
4 정답: 자기 주장적 표현, 나-메시지, 너-메시지
5 정답: 사실, 구체적

제2장 1절 p.65

1 정답: 기획서
2 정답: 기안서
3 정답: ① 목적을 이해하기
② 배경과 주제 파악하기
③ 도표나 그림 등으로 메모하여 요약·정리해 보기

제2장 2절 p.74

1 정답: ① 내용
② 목적
③ 본문
2 정답: ① Who(누가)
② How(어떻게)

제3장 1절 p.88

1 정답: 읽어 주기를 바라는 것
2 정답: 고객 지향식 마인드
3 정답: 구조적 사고
4 정답: 결론

제3장 2절 p.96

1 정답: ① 대외 고객
② 대내 고객
2 정답: 고객 지향식 마인드

제3장 3절 p.109

1 정답: ① 피라미드 구조상 아래에서 위로 올라가며 근거가 도출된 것을 검증한다.
② 피라미드 구조상 위에서 아래로 내려오며 결론이 도출된 것을 검증한다.
2 정답: 중복, 누락
3 정답: 대답(결론), 근거, 대답

제3장 4절 p.116

1 정답: 결론, 결론을 뒷받침하는 근거, 주장의 근거
2 정답: ①
3 정답: ②

제3장 5절 p.125

1 정답: 목적, 범위, ~을 위해
2 정답: 제목, 단문, 명확히
3 정답: ④
  해설: 토마토가 채소에 포함되기 때문에 굳이 따로 작성할 필요가 없다. 문서를 잘 작성하기 위해서는 비슷한 비중의 내용은 서로 묶어야 한다.

제4장 1절 p.137

1 정답: ③
2 정답: 주의 깊게, 공감
3 정답: ②

제4장 2절 p.149

1 정답: 대답할 말 준비하기
2 정답: ④
3 정답: 비판적, 비언어적 의사표현

제5장 1절 p.165

1 정답: ④
2 정답: 연령, 성별, 상황, 가치관, 성격
3 정답: ②

제5장 2절 p.178

1 정답: ①
  해설: 20%의 인구가 부의 80%를 소유한다는 파레토의 법칙도 '8:2의 법칙'이라 볼 수 있지만, 이는 경제 분야와 관련 있다. 의사 전달을 위한 '8:2의 법칙'은 프레젠테이션 시 말이 80%, 눈이 20%를 차지한다는 것을 내용으로 한다.
2 정답: 메시지(주장)
3 정답: 레이더차트
4 정답: 데이터 표현, 이미지 표현
5 정답: 이해, 그래프

제5장 3절 p.187

1 정답: ① 내가 누구인가를 설명하는 단계이다.
  ② 자사 제품·서비스의 결과물이 어떠한 가치를 갖고 있는가를 설명하는 단계이다.
  ③ 타사와 비교하여 자사 제품·서비스가 갖고 있는 차별점을 설명하는 단계이다.
  ④ 상대방에게 원하는 것을 현실적으로 명확히 설명하는 단계이다.
2 정답: 60
3 정답: 10, 핵심 내용
4 정답: 관심, 이해

제6장 1절 p.202

1 정답: ×
2 정답: ×
3 정답: ○
4 정답: 사고력, 표현력
5 정답: ①

제6장 2절 p.209

1 정답: ×
2 정답: ×
3 정답: ×
4 정답: ○
5 정답: ○

참고 문헌

기획이란 무엇인가, 길영로, 페가수스, 2012

7가지 보고의 원칙, 남충희, 황금사자, 2011

효과적인 의사소통을 위한 기술, MATTHEW MCKAY, 임철일 역, 커뮤니케이션북스, 1999

효과적 커뮤니케이션, 크리스 아지리스, 심영우 역, 21세기 북스, 2009

대화의 기술, 폴렛 데일, 조영희 역, 푸른숲, 2002

논리의 기술, 바바라 민토, 이진원 역, 더난출판사, 2004

논리적 글쓰기, 바바라 민토, 이진원 역, 더난출판사, 2005

떨지마라 떨리게 하라, 길영로, 페가수스, 2014

로지컬 라이팅, 데루야 하나코, 송숙희 외 1명 역, 리더스북, 2007

설득의 마술, 후쿠다 다케시, 임희선 역, 청림출판, 2003

비즈니스 글쓰기 클리닉, 히구치 유이치, 이동희 역, 전나무숲, 2009

맥킨지식 전략파워 프로페셔널, 사이토 요시노리, 쓰리메카 역, 3MECCA.COM, 2008

이호철의 기획, Kisss하라, 이호철, 비즈센, 2012

어떻게 협상할 것인가, 김두열, 페가수스, 2015

의사소통능력 교수자용 매뉴얼, 한국산업인력공단

의사소통능력 학습자용 워크북, 한국산업인력공단

정보능력 학습자용 워크북, 한국산업인력공단

듣는 기술이 사람을 움직인다. 이토 아키라, 이만옥 역, 은행나무, 2001

저 / 자 / 소 / 개

NCS 직업기초능력 분과
연구위원
현창호

현창호 연구위원은 고려대학교 경영학과를 졸업한 후 동 대학원에서 석·박사를 수료하였습니다. 2000년 초반 박사 과정 중 벤처 회사에 몸담아 한국 IBM, 한국 모토로라, 현대자동차, 한국산업안전보건공단을 대상으로 IT 컨설팅을 수행하였으며, 2013년부터는 국가직무능력표준(NCS)과 관련하여 인적 자원 개발 분야에서 다양한 컨설팅을 진행해 오고 있습니다. 국가직무능력표준과 관련하여 퍼실리테이터로 참여해 NCS를 개발하였고, 여러 대학을 대상으로 NCS 기반 교육 과정 개편 컨설팅을 하였으며, 대학교수와 고등학교 선생님 및 기업을 대상으로 NCS 관련 강의를 하고 있습니다. 현재는 한국표준협회와 함께 NCS 기업 활용 컨설팅(재직자 훈련 및 채용 분야 컨설팅)을 진행하고 있으며, NCS 직업기초능력 교육 과정 구축과 연구 활동을 하고 있습니다.